O limite da esperança

O limite da esperança

Pelo espírito
Ricardo Linhares

Psicografia de
Selma Cotrim

LÚMEN
EDITORIAL

O limite da esperança
pelo espírito *Ricardo Linhares*
psicografia de *Selma Cotrim*

Copyright @ 2009
Lúmen Editorial Ltda.
1ª edição — novembro de 2009
Direção editorial: *Celso Maiellari*
Preparação de originais: *Mary Ferrarini*
Revisão: *Equipe Casa de Ideias*
Diagramação: *Mônica Vieira/Casa de Ideias*
Arte da Capa: *Daniel Rampazzo/Casa de Ideias*
Impressão e acabamento: Cromosete Gráfica

Dados Internacionais de Catalogação na Publicação (CIP)
(Câmara Brasileira do Livro, SP, Brasil)

Linhares, Ricardo (Espírito).
O limite da esperança : romance mediúnico / pelo espírito Ricardo Linhares ; psicografia de Selma Cotrim. – São Paulo : Editora Lúmen, 2009.

1. Espiritismo 2. Psicografia 3. Romance espírita I. Cotrim, Selma. II. Título.

09-08841   CDD-133.9

Índices para catálogo sistemático:
1. Romance espírita psicografado : Espiritismo 133.9

LÚMEN
EDITORIAL

Rua Javari, 668
São Paulo - SP
CEP 03112-100
Tel/Fax (0xx11) 3207-1353

visite nosso site: www.lumeneditorial.com.br
fale com a Lúmen: atendimento@lumeneditorial.com.br
departamento de vendas: comercial@lumeneditorial.com.br
contato editorial: editorial@lumeneditorial.com.br

2009

Agradeço a Deus pela oportunidade de esclarecer por meio do nosso irmão Ricardo questões que julgo importantes a todos que se interessam pelo assunto abordado: a Aids.

Dedico este livro a todos os portadores do vírus HIV e seus familiares.

Selma Cotrim

Apresentação

Fiquei imensamente feliz quando soube que havia recebido a permissão de narrar os fatos ocorridos em minha última encarnação. Creio que minha história ajudará o leitor a entender o elo que existe entre a vida e a morte e outras questões citadas nesta obra.

Fui portador do vírus HIV numa época em que a doença estava começando a proliferar.

A incerteza e a insegurança tomaram conta do meu ser. Eu queria me livrar da doença e, sem dúvida alguma, continuar vivo.

Tempos depois, descobri que a vida é eterna. Desde então, resolvi que viveria sem me preocupar com o futuro.

Busquei inúmeras informações sobre esse mundo desconhecido.

Depois de muito aprendizado, descobri que o maior sentido da vida é o amor.

Valorize cada minuto de sua existência. Agradeça a Deus por estar vivo.

Posso garantir que nenhuma doença pode acabar com a vida. Afinal, se não fosse assim, eu não estaria narrando a minha história.

A vida continua, acredite!

Ricardo Linhares

Sumário

Minha família

1

Morávamos em São Paulo. Meu pai trabalhava numa empresa de ônibus como motorista. Com muito sacrifício, concretizou o sonho de comprar a nossa casa, depois de muitos anos de trabalho. Minha mãe cuidava da casa com muita dedicação; minha irmã Rosana, de apenas quinze anos, se dedicava aos estudos. Eu trabalhava num escritório de advocacia, onde exercia o cargo de auxiliar de escritório e sonhava em cursar uma faculdade de direito.

Eu estava com vinte e um anos, boa aparência, cabelos pretos, olhos verdes, pele clara. Em plena juventude, me divertia da maneira que eu mais gostava: com as garotas que conhecia na noite paulistana.

Não tinha uma namorada fixa. Os meus namoros não duravam mais que uma semana. Quando as garotas percebiam que eu não passava de um conquistador, elas espontaneamente se afastavam.

Na verdade, eu não queria compromisso sério com ninguém. Queria liberdade para conhecer várias garotas e talvez, um dia, quando estivesse cansado das noitadas (como dizia o meu pai), poderia me casar. Essa seria a sentença, que eu mesmo havia planejado, para o meu destino.

O sol brilhava naquela manhã de verão. Enquanto minha mãe preparava o almoço, eu lavava o meu carro. O som alto do rádio ecoava numa parte da rua. A música que eu ouvia naquele momento era o maior sucesso do grupo musical de minha preferência.

Terminada a limpeza, comecei a encerar o carro, quando o Rogério, meu irmão, chegou. Ele sempre nos visitava aos sábados, pela manhã. Na verdade, ele adorava "pegar no meu pé" e sabia que nesse horário sempre me encontraria em casa.

Rogério tinha vinte e seis anos, vivia com Tânia, uma moça que ele conheceu aos catorze anos, por quem se apaixonou perdidamente e com quem se casou aos dezoito anos. Eu sempre dizia em tom de deboche "enforcou-se aos dezoito".

Baixei o volume do rádio do carro e abri o portão.

Meus sobrinhos, Caroline, de sete anos, e Gabriel, que já estava com cinco anos, entraram, me beijaram e saíram em disparada, em busca da vovó Clarice.

Rogério ficou na garagem para bater um papo comigo.

— Que saudade! — Ele abriu aquele sorriso amigo e perguntou: — E aí, Ricardo, já está preparando o carro pra noitada?

— Isso é pra quem pode e não pra quem quer! — brinquei com meu irmão.

— E as namoradas? Como anda a sua lista?

— Estão ótimas. A lista de mulheres está aumentando a cada dia. Hoje sairei com uma garota sensacional.

Rogério olhou-me seriamente:

— Vamos deixar de brincadeiras e falar sério. Você deveria conquistar alguém e ter um namoro sólido. É muito arriscado sair com uma garota hoje, outra amanhã.

Meu irmão tentava me alertar sempre que conversávamos sobre relacionamentos variados e trocas constantes de parceiras, mas eu era teimoso e intolerante. Então começou mais uma discussão:

— Não estou a fim de me amarrar. Se você se enforcou aos dezoito anos, o problema é seu. Não quero seus conselhos. Não estou interessado. No momento o que me interessa é curtir a vida e a minha juventude. Entendeu? — respondi impaciente.

— Ricardo, eu sou seu irmão. Estou dizendo isso porque não quero o seu mal.

— De que mal você está falando? — irritei-me.

— Você sabe o que é Aids?

— Pare com isso! Eu conheço bem as pessoas com que me relaciono. Não costumo sair com qualquer uma.

— Como você tem a coragem de dizer que conhece essas garotas? A última garota com quem saiu você não soube nem me dizer o nome.

— Isso acontece algumas vezes. Não dá tempo de decorar o nome, o endereço.

Meu irmão me olhou nos olhos e disse:

— Ricardo, preste atenção. Já que você não quer compromisso sério, lembre-se, pelo menos, de usar preservativos durante as suas relações sexuais.

Cansado de ouvir os sermões dele, finalizei:

— Está bem, eu vou me lembrar!

Mudei de assunto.

— Agora me diga, qual foi o placar final do jogo de ontem? Acabei dormindo e não sei se o nosso time ganhou.

Sempre que meu irmão falava sobre Aids, preservativos, mulheres, eu tentava mudar de assunto, afinal, não queria discutir com o Rogério. Mesmo achando ele um "grande careta", eu adorava o meu irmão.

Ele respondeu às minhas perguntas sobre o jogo de futebol contrariado. Eu havia terminado de encerar o carro quando entramos na sala. Sentamos e em seguida minha mãe veio cumprimentá-lo:

— Oi, meu filho! E a Tânia, está bem? Por que ela não veio com vocês?

— Está tudo bem, mamãe. A Tânia ficou em casa fazendo uma limpeza. Então eu peguei as crianças e resolvi vir passar alguns sermões no Ricardo.

Eu suspirei com ar de descontentamento, e minha mãe como sempre me defendeu:

— Você vai começar novamente com esse assunto de vírus, HIV. Pare com isso, Rogério! O seu irmão sabe se cuidar muito bem. Deixe-o aproveitar a juventude.

— A senhora diz isso porque me casei muito jovem. Pois saiba que não me arrependo. Sou muito feliz com meu casamento, com meus filhos.

Cansado de ouvir o mesmo diálogo entre meu irmão e minha mãe, me retirei, fui até o meu quarto e liguei meu som. A conversa continuou na sala:

— Eu acho que a senhora e o papai deveriam se preocupar mais com as amizades do Ricardo e da Rosana.

— A Rosana ainda é uma criança. E o Ricardo já tem vinte e um anos; é maior de idade — respondeu minha mãe, irritada.

— A Rosana já completou quinze anos, ela não é mais uma criança. Procure saber quem são as amizades dela, onde moram. Isso é uma tarefa que cabe aos pais.

O diálogo se tornou mais uma discussão entre mãe e filho.

Na verdade, a minha mãe me defendia das indagações do Rogério porque ela temia que eu também tivesse um casamento precoce como foi o dele, que se casou aos dezoito anos devido à gravidez inesperada de Tânia, tendo como resultado a vinda da linda e amada Caroline, minha sobrinha querida.

Em minha opinião, meu irmão casou-se porque amava Tânia e o bebê que ela esperava. Tenho certeza de que se casou por amor, e não por obrigação. Mas a minha mãe não concordava comigo naquela ocasião. Com o passar do tempo, ela aceitou a união feliz que Rogério construiu ao lado de Tânia.

Rogério almoçou conosco naquele sábado e aproveitou para conversar com a Rosana, minha irmã caçula.

Meu pai, quando estava em casa, aproveitava para descansar, pois sua jornada de trabalho era intensa. Era um homem de poucas palavras. Quase não dialogava com os filhos. Ele preferia deixar essa tarefa para minha mãe e meu irmão, que, ao contrário de meu pai, adorava nos aconselhar e compartilhar nossas novidades, nossas aventuras, nossas dúvidas, que surgiam ao longo do tempo.

Eu e Rosana passávamos horas conversando com Rogério. Era muito agradável o nosso diálogo. Tínhamos divergências, mas havia também compreensão e muito humor; ríamos muito conversando, e assim as horas passavam despercebidas. Minha mãe adorava nos ver reunidos. Ela também participava das nossas conversas, que acabavam se tornando nostálgicas; lembrávamos da nossa infância, que foi muito divertida e feliz.

Meus pais nos criaram com muitas dificuldades, mas, apesar dos problemas financeiros que vivemos, nós conseguíamos extrair a felicidade de nosso lar com nossas brincadeiras infantis, com nossa amizade, com o carinho de nossos pais e de toda a nossa família.

Anoiteceu, meu irmão voltou para sua casa com as crianças e eu saí para me divertir. Fui até uma boate que costumava frequentar, encontrei alguns amigos, tomei algumas bebidas, conheci várias garotas e terminei a noite com uma delas, de quem realmente não me lembro o nome. Essa era a vida que eu adorava. Conhecia uma pessoa, me relacionava sexualmente, de preferência no mesmo dia, depois não me lembrava nem do seu nome.

Outro defeito que me acompanhava era o costume de consumir bebidas alcoólicas sempre que saía para "curtir a noite". Depois dirigia o carro completamente embriagado. Cometi esse desatino por diversas vezes.

Na segunda-feira, depois de um feriado prolongado, todos no escritório estavam mal-humorados. Eu adorava brincar com o mau humor dos amigos, e isso acabava descontraindo o ambiente.

Sueli, a secretária, moça distinta, bonita e educada, era o meu alvo preferido. Eu pensava que ela não dava importância às minhas brincadeiras. Então eu me divertia tentando conquistá-la.

— Oi, Sueli! Sentiu muitas saudades de mim neste fim de semana?

— Ah! Senti. Você acredita que eu nem dormi todos esses dias pensando em você? — respondeu Sueli, ironicamente.

— Eu sabia que você me amava — brinquei tentando tirar-lhe um sorriso.

— Vou te dizer uma coisa: se você não fosse tão mulherengo, acho que eu aceitaria namorar você — todos começaram a rir e eu fiquei surpreso com a atitude dela.

— Jura, Sueli? Prometo que serei um novo homem. Só terei olhos para você — disse brincando.

Sueli sorriu e respondeu:

— Como eu gostaria de acreditar em você.

Naquele exato momento o telefone tocou, ela atendeu e disse que alguém queria falar comigo; era mais uma das garotas que eu conhecia. Atendi o telefone, comecei a falar e me esqueci completamente da promessa que havia feito a Sueli.

Quando desliguei o telefone, a moça me olhava com desapontamento. Eu percebi que, além das nossas brincadeiras, havia um sentimento no coração de Sueli.

— O que houve, Sueli? Por que está me olhando assim?

— Por um momento eu achei que você estava falando sério — disse a moça, desanimada.

Meu patrão chegou e a nossa conversa foi interrompida.

Mais tarde eu perguntei ao Jonas, um amigo que trabalhava no escritório:

— Por que será que a Sueli se aborreceu comigo?

Jonas me respondeu sério:

— Você ainda pergunta? A Sueli é apaixonada por você. Quando disse que seria um novo homem, ela simplesmente acreditou.

— Eu nunca percebi essa paixão. Acho que brinquei com a pessoa errada. Depois vou conversar com ela.

Fiquei muito magoado, não gostava de brincar com os sentimentos dos outros. Não havia percebido a paixão que Sueli sentia por mim.

Sueli passou o dia todo sem me dirigir a palavra. No final do expediente, pedi a ela que me esperasse, para que pudéssemos conversar. Todos já haviam se retirado, ficamos a sós e comecei a falar:

— Eu queria me desculpar pela brincadeira que fiz esta manhã. Realmente não foi minha intenção magoá-la.

— Tudo bem, Ricardo. Esquece o que aconteceu hoje.

Olhei nos olhos dela e perguntei:

— Você está apaixonada por mim?

Ela desviou o olhar, depois me encarou e respondeu:

— Eu sou apaixonada por você.

Aquela declaração me deixou completamente inibido, eu não sabia o que dizer. Então peguei suas mãos com delicadeza e olhei fixamente nos seus olhos:

— Eu quero te dizer que realmente nunca tive a intenção de conquistá-la. Eu brincava e não percebia que você me levava a sério.

A minha explicação a deixou mais nervosa, ela soltou minhas mãos, pegou a sua bolsa e começou a fechar a porta do escritório dizendo em voz alta:

— Não precisa se explicar. Eu já entendi, Ricardo. Você gosta de brincar com os sentimentos das pessoas. Fique tranquilo, vou esquecer você. Sou uma idiota, você nunca vai se apaixonar por ninguém.

Enquanto ela falava, acionava o elevador; a porta se abriu, ela entrou e foi embora sem nem ao menos se despedir.

Eu fiquei ali parado, inerte naquela situação totalmente constrangedora. Não imaginava que Sueli fosse tão apaixonada como demonstrou aquele dia.

Desci pelo elevador, tentei procurá-la, mas foi inútil, ela já havia partido. Então resolvi ir embora e deixar o término da conversa para o dia seguinte.

Retornei para minha casa e imediatamente minha mãe notou a minha preocupação.

— O que aconteceu? Algum problema?

Sentei-me no sofá da sala, encostei minha cabeça no colo de minha mãe e desabafei:

— Eu magoei uma amiga do trabalho, estou me sentindo péssimo — e relatei tudo o que ocorreu.

— Não fique triste, meu filho. Você não tem culpa de não estar apaixonado por essa garota — disse minha mãe, deslizando seus dedos em meus cabelos.

— Às vezes me pergunto: será que nunca vou me apaixonar? Sinto que isso não acontecerá comigo.

— Como assim, Ricardo?

— Não sei explicar, não consigo me apegar a nenhuma garota, o meu interesse por elas é outro, a senhora sabe, é só sexo.

— Você é muito jovem, está apenas começando a viver. No futuro conhecerá alguém que despertará um sentimento maior em seu coração. Não se entristeça; tudo tem seu tempo.

Minha mãe tentou me animar, mas meu coração me dizia que eu não viveria um grande amor.

2

O vírus

Nos dias que se seguiram meu comportamento no trabalho havia mudado. A situação constrangedora que causei a Sueli e o fato de ela estar apaixonada devido às minhas brincadeiras deixaram-me um pouco retraído, principalmente diante de sua presença. Eu percebi que tinha perdido uma grande amiga. Sueli evitava conversar comigo sobre assuntos banais; só me dirigia a palavra quando o assunto era profissional, algo sobre o trabalho.

Aquele clima era muito desagradável, até os amigos que trabalhavam no escritório sentiam-se mal. Eles tentavam de diversas maneiras nos reaproximar, mas Sueli não queria a minha amizade.

Resolvi respeitar a opinião dela e pedi aos amigos que não a incomodassem com esse assunto.

Eu continuava a minha vida de boêmio. Saía todos os finais de semana, sempre com uma garota diferente.

Quando retornava para casa, lá pelas quatro da manhã, deitava em minha cama e batia um enorme vazio. Então eu me perguntava: O que estou fazendo com a minha vida?

Será que o Rogério não tem razão quando diz que eu deveria namorar sério? Questionava-me, mas depois de alguns dias voltava a sair como era de costume.

Passados alguns dias, acordei com uma terrível enxaqueca, quase não conseguia abrir os olhos.

Minha mãe entrou no meu quarto e perguntou:

— Você não vai trabalhar hoje? Está atrasado!

— Acho que não irei hoje. Estou com uma enxaqueca terrível.

Minha mãe, muito preocupada, desceu e foi até a cozinha, preparou o café da manhã. Em seguida levou até o meu quarto. Tomei o café ainda muito mal, depois ela me fez tomar um analgésico para dor de cabeça. Passados trinta minutos, a dor de cabeça continuava. Sem que eu soubesse, minha mãe chamou o Rogério para me levar ao médico.

Como eu já não estava suportando a dor, sem discutir, entrei no carro de Rogério e seguimos para o hospital.

Meu irmão fez minha ficha na recepção e eu aguardei na sala de espera. Poucos minutos depois, o médico pediu que eu entrasse.

Entrei sozinho; Rogério ficou me esperando do lado de fora da sala.

— Então, meu rapaz, o que houve? — perguntou o médico, doutor Norberto.

— Acordei com uma terrível dor de cabeça. Já tomei um medicamento, mas não obtive melhora.

— Teve alguma queda? Bateu a cabeça nos últimos dias? — enquanto ele me fazia as perguntas, anotava o que eu respondia em uma ficha.

— Não.

— Você costuma ter dores de cabeça? Ou é a primeira vez?

— Já tive dores de cabeça, mas não como essa.

— Costuma ingerir bebidas alcoólicas?

— Sim. Nos finais de semana. Mas durante a semana sou categórico; só tomo água, sucos e refrigerantes.

Ele deixou por um momento as perguntas de lado e começou a me examinar. Pediu que eu abrisse bem a boca e examinou minha garganta com uma lanterna clínica; com um termômetro mediu a minha temperatura, depois usou o estetoscópio, ouviu os meus pulmões e os batimentos cardíacos e, por fim, mediu a minha pressão, enquanto conversava comigo.

— Bem, não há nenhum sinal de infecção, não tem febre, os batimentos cardíacos estão normais, os pulmões também e a pressão está ótima. Isso quer dizer que não se trata de uma gripe ou resfriado. Ricardo, eu vou lhe receitar um medicamento mais eficaz contra enxaqueca. Mas vou lhe pedir alguns exames, para saber como está a sua saúde, exames de rotina.

— A última vez que fiz exames de sangue e urina eu ainda era criança, devia ter uns doze anos.

— É, realmente faz muito tempo. Vou lhe fazer algumas perguntas. Já teve alguma doença grave?

— Que eu me lembre, não.

— Você tem algum vício?

— Tirando as mulheres, nenhum — brinquei com o médico, que sorriu e me perguntou:

— Já que me disse que o seu vício são as mulheres, tenho que lhe perguntar se costuma usar preservativos em suas relações sexuais, que, presumo, devem ser com mulheres diferentes.

— Realmente não tenho uma parceira, e sim várias. Mas todas são moças de família. Não costumo sair com prostitutas — disse um tanto irritado.

O médico insistiu:

— Então, costuma usar preservativo em suas relações sexuais?

— Algumas vezes, sim. Quando confio na pessoa que está comigo, eu não uso.

— Ouça-me, rapaz, sinto muito, mas tenho que dizer que você faz parte do grupo de risco do vírus HIV.

Eu fiquei indignado com o doutor Norberto. Desviei o olhar, eu não queria ouvir que eu fazia parte do grupo de risco, só queria me livrar daquela terrível dor de cabeça. Mas não disse nada, então ele continuou:

— Entenda, se você não se previne quando se relaciona sexualmente com as garotas, tem grande chance de contrair o vírus. Não estou dizendo que você já contraiu, mas há uma grande possibilidade se não começar a se prevenir.

Notando a minha impaciência, o doutor resolveu me aconselhar.

— Ouça, Ricardo, vou lhe dar um conselho. Acho que você deve rever os seus conceitos. Não são somente as prostitutas, os gays e os viciados que transmitem o vírus. Veja bem, se você tem relações com uma moça de família, como você classifica, sem preservativos, e essa mesma moça se relaciona sem prevenção com outro rapaz que tem o vírus, você poderá ser uma vítima da Aids.

Fiquei pensativo. Na realidade, eu sabia que o médico tinha razão. Eu era um irresponsável em relação à minha vida sexual.

— Se importa se eu pedir um teste de HIV? — perguntou o médico.

— Não me importo, pode pedir.

O que eu queria mesmo era me livrar daquela terrível enxaqueca. Peguei a receita médica e os pedidos de exames e me despedi do médico.

Voltei para casa, calado, não queria comentar com meu irmão a conversa que tive com o doutor Norberto. Passamos numa drogaria, meu irmão comprou o medicamento, eu tomei ali mesmo no carro. Depois voltamos para minha casa. Deitei-me e dormi. Algumas horas depois, acordei e já estava me sentindo bem.

Embora eu não quisesse acreditar, fiquei muito impressionado com as palavras do doutor Norberto.

Liguei para uma das moças de "família" com quem eu costumava sair. Ela me atendeu, conversamos, e então eu perguntei se ela costumava se relacionar com outros rapazes além de mim. Ela respondeu sem cerimônia que sim. Desliguei o telefone e pensei: "Será possível que eu faço parte do grupo de risco?"

No dia seguinte fui direto ao laboratório fazer os exames e depois segui para o trabalho. Enquanto esperava os resultados dos exames, mantive minhas relações sexuais todas com preservativos.

Enfim chegou o dia de voltar ao consultório do doutor Norberto. Eu estava muito tenso, aquele exame de HIV era como se fosse uma bomba que estava em minhas mãos. Tanto poderia explodir como desativar.

Entrei na sala do doutor muito nervoso. Ele, percebendo a minha preocupação, começou a conversar, com muita tranquilidade.

— Como vai, Ricardo? E a enxaqueca melhorou?

— Sim, melhorou. No mesmo dia em que tomei o medicamento que o senhor me receitou.

— E não voltou mais a ter enxaquecas? — enquanto ele me interrogava, fazia algumas anotações na minha ficha médica.

— Não. Estou me sentindo muito bem.

Ele pegou os exames que eu havia depositado sobre a mesa e começou a abrir, um de cada vez, deixando o teste de HIV por último.

Minhas mãos suavam, meu coração batia compulsivamente. Ele abriu os exames e continuou fazendo as anotações.

Enfim, ele tomou em suas mãos o teste de HIV, abriu, analisou, olhou-me um pouco sério e disse:

— Não tenho uma notícia boa para lhe dar. Franziu a testa e continuou: — Ricardo, infelizmente, você é portador do vírus HIV.

Fiquei paralisado diante daquela afirmação. Eu não conseguia acreditar no que estava acontecendo. Pensei: "Esse resultado não pode estar certo", então me manifestei e disse em voz alta:

— Não é possível! Houve um erro, doutor! Quero fazer outro teste!

— Está bem. Pedirei outro para que possa ter certeza. Acalme-se.

O médico conversava comigo tranquilamente. Tentei me acalmar, pois o médico não tinha culpa da minha irresponsabilidade.

— O que o senhor acha, doutor? Pode ter ocorrido um erro?

— Pode ser, mas, pelo que me disse na última consulta, você não se preveniu contra a Aids. Gostaria de explicar sobre a doença. Atendo num consultório aqui perto, vou lhe dar o endereço, assim poderemos conversar com mais tranquilidade. Além de clínico, sou também hematologista e infectologista. Vou lhe fazer outro pedido de teste e, quando estiver com o resultado em mãos, me procure neste endereço — ele me deu um cartão com o endereço da clínica onde atendia no período da tarde, durante a semana. — Tente se acalmar, rapaz. Sei que não é fácil, mas você me pareceu controlado, nem abriu o exame antes de vir aqui. Muitas pessoas fazem isso. E acho totalmente errado; só o médico pode abrir os exames dos pacientes, pois pode haver algum erro ou até mesmo uma troca na hora da entrega. — Por enfim ele se despediu: — Ainda vamos conversar muito sobre esse assunto, procure se acalmar. Pense na sua família, em Deus, não se desespere. E, se precisar de um amigo, sabe onde me encontrar.

Achei o doutor Norberto muito atencioso e gentil, mas, naquele momento, o que eu mais queria era sair daquele hospital.

Saí da sala do médico completamente arrasado. Entrei no carro e segui direto para Santos; eu precisava ver o mar, sentir a maresia, ficar sozinho, pensar.

Procurei uma praia no litoral paulista que estivesse mais deserta. Eu não queria dividir a minha tristeza com ninguém, queria ficar sozinho por algumas horas.

Durante todo o trajeto, eu não conseguia esquecer as palavras do doutor Norberto, porém eu pensava: "Pode ter havido algum engano, troca de exames, não é possível".

Enfim, consegui encontrar uma praia mais vazia, estacionei o carro, dobrei as barras da minha calça, caminhei descalço na areia e sentei diante do mar.

O dia estava maravilhoso, o sol radiante, a brisa batia em meu rosto refrescando o calor e a maresia me envolvia com ares diferentes, trazendo o som das ondas do mar, que é excepcional aos nossos ouvidos.

Diante da beleza daquela praia, desabei, caí em prantos, entreguei-me à minha emoção. Era como estar diante de Deus. Comecei a chorar feito uma criança, lágrimas escorriam pelo meu rosto incessantemente. Eu não queria morrer, pensei na minha família, nos meus amigos, enfim, a única esperança que eu tinha era que o exame estivesse errado.

Eu estava desesperado, mas em nenhum momento pensei em suicídio, eu queria viver. Naquele instante comecei a perceber a beleza infinita da natureza, tudo passou a ser maravilhoso, o céu, o mar, o ar, as árvores, enfim, tudo em que eu não costumava prestar atenção.

Fiquei algumas horas naquela praia. Alguns pensamentos me invadiram. Lembrei-me da infância, das brigas com meus irmãos em volta da mesa, do café da manhã, das brincadeiras, das nossas festas de aniversário, dos Natais inesquecíveis, da época em que acreditávamos em Papai Noel. Minha mãe entrava na nossa fantasia. Ela esperava que dormíssemos, então colocava os presentes na árvore e, quando acordávamos, pensávamos que o bom velhinho havia passado pela nossa casa. Quantas lembranças surgiram nos meus pensamentos.

Uma brisa leve tocou meu rosto, fechei meus olhos e comecei a me acalmar, fiquei tranquilo, senti uma paz indescritível. Era o espírito de Valéria que veio até aquela praia me fazer companhia e me acalmar.

Desde a infância, eu costumava sonhar com uma jovem que estava sempre ao meu lado nos momentos difíceis. Contava os meus sonhos para minha mãe e ela dizia: "Deve ser alguém da família que já morreu e vem te visitar". Quanto a Valéria, não vou antecipar os fatos, no decorrer da história vocês vão entender o motivo da presença do espírito dela em minha vida.

Depois de algum tempo, voltei para casa. Minha mãe percebeu que eu havia chorado e me perguntou:

— Onde você estava, meu filho? Ligaram do seu trabalho, disseram-me que você não foi trabalhar hoje. O que aconteceu? Você foi ao médico de manhã?

— Me desculpe, mamãe, mas eu não quero conversar sobre esse assunto. Vou para o meu quarto descansar.

— Ricardo! Fiquei o dia todo preocupada com você. Quero saber o que está acontecendo.

Minha mãe estava nervosa. Enquanto ela falava, eu subia a escada. Entrei no meu quarto e disse:

— Mamãe, por favor! Eu quero ficar sozinho.

— Está bem. Mais tarde vai me contar o que aconteceu.

Ela desceu a escada com o coração de mãe apertado. Eu me tranquei no quarto e pensei: "Como darei essa notícia à minha mãe? É melhor não dizer nenhuma palavra sobre esse assunto. Vou esperar o resultado do segundo exame".

Depois do jantar, minha mãe insistiu que eu falasse o que havia acontecido comigo. Mas eu não estava disposto a falar. Sem dar nenhuma resposta, subi para o meu quarto. Minha irmã, percebendo que eu estava indisposto, pediu que minha mãe deixasse aquela conversa para outro dia. Mesmo contrariada, ela concordou.

No dia seguinte, fui ao laboratório e fiz o teste novamente. Depois segui para o trabalho. Todos perceberam a minha tristeza. Perguntaram o que havia acontecido e eu respondi que estava com enxaqueca. Por isso havia faltado no dia anterior.

Sueli esperou que todos saíssem para conversar comigo:

— Ricardo, gostaria de acabar com esse clima entre nós. Quero voltar ser a mesma amiga de antes. Sei que você nunca vai se apaixonar por mim, mas gostaria de continuar a nossa amizade.

Enquanto Sueli falava, eu me emocionei, comecei a chorar diante dela.

— Ricardo, o que houve? Por que está chorando? Você está com algum problema? Percebi que hoje não fez nenhuma brincadeira com os colegas do escritório.

— Eu não estou com problemas. A nossa amizade vai continuar a mesma de sempre, fique tranquila. Eu estou bem. Apenas um pouco indisposto, só isso... — disfarcei o máximo que pude, não queria que ninguém soubesse o que estava acontecendo comigo.

Saí do escritório e Sueli ficou pensativa.

Quando retornei ao lar, minha mãe encheu-me de perguntas. Como não queria preocupá-la, resolvi inventar uma história. Disse que estava apaixonado por uma garota, mas não era correspondido porque ela amava outro.

— Ah! Então é isso? Não fique triste, meu filho. Ela não sabe o que está perdendo, um rapaz tão lindo como você!

Qualquer garota se interessaria. Logo você conhece outra e a esquece.

Enquanto minha mãe me consolava, eu me sentia péssimo por estar mentindo, mas, enquanto aquele exame não estivesse pronto, eu não queria dizer a verdade e preocupá-la.

Hoje me arrependo da minha atitude imatura. Nunca devemos mentir para nossos pais; por mais difícil que seja a verdade, ela tem que ser dita. Guardar o problema para si não irá resolvê-lo.

Havia chegado mais um fim de semana. Meus amigos me ligaram para sairmos, como de costume, mas eu dei uma desculpa qualquer e fiquei em casa.

Todos estranharam a minha atitude. Eu não queria mais sair de casa, me relacionar com nenhuma garota, queria ficar trancado em meus pensamentos. A ansiedade estava acabando comigo — a espera pelo resultado do segundo exame foi mais difícil que o primeiro.

Deitava-me em minha cama, no silêncio do meu quarto, pedia a Deus que o resultado fosse negativo. Fiz inúmeras promessas. Disse a Jesus que, se eu não tivesse contraído o vírus HIV, me casaria com a primeira moça que encontrasse pela frente, abandonaria de vez aquela vida de libertinagem, enfim, seria um novo homem. Mas o que eu não sabia é que ninguém foge do seu destino.

Enfim chegou o dia da consulta com o doutor Norberto. Fiz exatamente o que ele pediu, marquei a consulta na clínica, não queria voltar àquele hospital.

O doutor me recebeu com a mesma cordialidade de sempre. Sentei-me diante dele e, enquanto abria o envelope, eu pedia a Deus que o resultado fosse negativo. Então ele disse:

— Eu sinto muito, Ricardo, mas o resultado é o mesmo.

Levei minhas mãos até a cabeça; eu estava completamente desorientado, senti vontade de gritar, chorar, fugir. Desesperado, perguntei:

— Doutor, quanto tempo eu tenho de vida? Por que não sinto nada? Parece mentira que estou doente. Sinto-me ótimo! — eu falava alto, estava descontrolado.

Então o médico pediu que eu me acalmasse e começou a falar:

— Veja bem, você é um portador assintomático. Vou explicar: adquiriu o vírus da Aids, mas a doença ainda não se manifestou. Você não tem nenhum sintoma. O vírus permanece inativo por um tempo variável no interior das células infectadas e depois a doença se manifesta. Isso quer dizer que, se tomar os devidos cuidados com a sua saúde, terá uma vida mais prolongada. Não sei dizer quanto tempo exatamente tem de vida. Você sabe como contraiu o vírus? Desculpe, mas tenho que lhe fazer essa pergunta.

— Acredito que tenha sido por meio de relações sexuais, não sei, estou muito nervoso...

O médico resolveu me explicar como se adquire o vírus, para que eu tivesse mais informações:

— A Aids é transmitida por contato sexual, transfusão de sangue contaminado da mãe para o bebê durante a gravidez, ou na amamentação, e ainda pela reutilização de seringas e agulhas descartáveis entre usuários de drogas injetáveis. Portanto, o combate contra o contágio deve ser feito com medidas preventivas, como o uso de preservativos, o controle de qualidade do sangue usado em transfusões e o uso de agulhas e seringas descartáveis.

Eu estava nervoso, mas curioso para conhecer a doença. Então resolvi perguntar:

— Como age esse vírus no organismo do portador?

— Vou tentar explicar de uma forma fácil de entender. O vírus HIV destrói um tipo de célula do sangue, os glóbulos brancos, ou seja, o CD-4, que atinge o sistema imunológico do ser humano. Isso debilita as defesas orgânicas na hora do combate a infecções ou doenças. Quanto à cura, segundo a Organização Mundial de Saúde, a ciência está tentando descobrir um medicamento que possa prolongar a vida dos portadores do vírus. Dizem que no futuro a Aids será uma doença tratável, como o diabetes, que os portadores terão vida normal desde que tomem os medicamentos corretamente. Muitas pesquisas estão sendo testadas, acredito que futuramente teremos uma vacina contra o vírus. Essa é a nossa esperança. Por enquanto, o único medicamento que temos é o AZT. (Nessa época ainda não existia o coquetel de drogas; medicamento testado e aprovado pelo Ministério da Saúde.)[1]

---

[1] Devo lembrar ao leitor que entre 1995 e 1996 a imagem da Aids modificou-se completamente com a chegada de medicamentos mais eficazes para seu tratamento. Hoje se pode dizer que graças à medicação existente a doença transformou-se, de certa forma, em crônica

O doutor continuou:

— Quando for se relacionar com alguém, não se esqueça de usar preservativos, para que não transmita o vírus à outra pessoa.

Irritei-me com o médico:

— Não estou nem um pouco interessado em me relacionar com nenhuma garota. Não quero saber de sexo, nunca mais na minha vida!

— Desculpe-me, mas tenho que alertá-lo.

— Perdoe-me, doutor, estou muito nervoso. Acho que eu não merecia tamanho castigo.

— Meu jovem, Deus não castiga ninguém. Procure não pensar assim.

— Eu não sei como darei essa notícia à minha família. Tentei esconder todos esses dias o resultado do exame.

O doutor me orientou de modo conselheiro:

— Não esconda a verdade. Converse com a sua família. Eu tenho certeza de que se sentirá melhor. Eu sei que não é fácil, mas eles têm o direito de saber o que está acontecendo na sua vida. O apoio da família é muito importante.

As palavras do doutor Norberto me fizeram entender que eu tinha que expor tudo o que se passava comigo; não podia continuar escondendo da minha família o problema que estava vivendo.

---

e controlável, o que permite aos portadores levar uma vida normal e prolongada (N. A. Espiritual).

Terminada a consulta, saí em direção à porta, quando o doutor me chamou:

— Ricardo, quando quiser conversar, procure-me. Além de ser seu médico, pretendo ser também seu amigo.

— Obrigado, doutor. Voltarei a procurá-lo.

Fui direto para casa. Eu precisava ver a minha família, dizer-lhes o que estava acontecendo. Felizmente, não havia ninguém, todos estavam fora de casa naquele horário.

Liguei para o meu irmão, que diariamente tentava descobrir o que se passava comigo. Ele teria que ser o primeiro a saber. Desde a infância, sempre lhe confidenciei meus segredos.

Meu irmão chegou meia hora depois. Como ele tinha a chave de casa, entrou e foi me procurar. Eu estava no meu quarto como de costume. Ensaiava a melhor maneira de dizer a verdade. Ele entrou e começou a falar com certo tom de ironia:

— Quer dizer que resolveu desmentir que está apaixonado por uma garota que não corresponde ao seu amor? Desde quando a mamãe me contou essa história eu sabia que você estava mentindo. Se fosse verdade, não estaria trancado neste quarto. Pelo contrário, estaria tentando conquistar a garota de diversas maneiras. Mas agora me diga o que aconteceu.

Embora eu estivesse muito nervoso, pedi que ele se sentasse e fui direto ao assunto, sem rodeios:

— Rogério, eu descobri que sou portador do vírus HIV. Eu não tenho coragem de dizer pra mamãe. — Comecei a chorar.

Enquanto eu relatava os últimos acontecimentos, a enxaqueca, os exames, o doutor Norberto, meu irmão não dizia uma só palavra. Ele ficou paralisado diante daquela revelação.

Depois de algum tempo, ele tentou me repreender, dizendo:

— Quantas vezes eu te avisei para usar preservativos? — lágrimas começaram a correr dos olhos de Rogério, que chorou feito uma criança, abraçado a mim.

— Me pergunto diariamente por que tinha que acontecer isso comigo. Nunca prejudiquei ninguém. Sou uma pessoa honesta, trabalhadora, decente — fiz inúmeros elogios a mim mesmo. Então meu irmão me respondeu:

— Você cometeu o mais grave erro: o da irresponsabilidade. Você dizia que só queria curtir a vida. Mas por que não se preveniu? Confiou demais na sorte.

— Eu sei, fui um ingênuo de achar que as garotas que conhecia não faziam parte do grupo de risco.

— Mas agora não adianta lamentar o que passou. O que o doutor disse a respeito de cura?

— Falou-me que eu sou um portador assintomático, quer dizer, não tenho ainda os sintomas da doença. E que a ciência está estudando uma fórmula que possa prolongar a vida dos portadores do vírus HIV. Mas isso pode acontecer daqui a um ano, dois, três... não faço ideia.

Meu irmão deu um suspiro e disse:

— Então há uma chance. Vamos esperar, tenho certeza de que você viverá até essa descoberta — disse entusiasmado, tentando me animar.

Enquanto conversávamos, minha mãe e minha irmã chegaram, perceberam que estávamos no meu quarto e resolveram não nos incomodar.

Nós também havíamos notado a presença delas, então meu irmão olhou no fundo dos meus olhos e disse calmamente:

— Ouça, Ricardo, vamos descer e você vai dizer toda a verdade pra mamãe. Eu vou te ajudar. Ela tem todo o direito de saber o que está acontecendo.

Depois de algum tempo, descemos até a sala. As duas conversavam sobre assuntos corriqueiros. Rogério as cumprimentou, depois disse que eu tinha um assunto muito delicado para tratar com elas, mas ele me ajudaria naquele momento.

Sentamos os quatro no sofá da sala. Acredito que, se não fosse a presença de Rogério, eu não teria coragem de dizer uma só palavra. Tudo correu exatamente como eu esperava.

Minha mãe se desesperou, a Rosana não teve palavras, somente lágrimas. Depois de um longo período de conversa, minha mãe pegou em minhas mãos e disse de maneira decidida:

— Meu filho, preste atenção, vamos fazer o impossível para que você vença essa doença. Faremos promessas, vamos procurar ajuda espiritual, recorrer à medicina e, se precisarmos vender esta casa, venderemos. Lembre-se, Ricardo, sua família te ama. Estaremos sempre ao seu lado!

As palavras de mamãe me deram um grande incentivo. Lembrei-me da infância. Quando eu adoecia, ela dizia olhando nos meus olhos:

— Confia na mamãe, você vai melhorar.

Então eu me acalmava e o tratamento obtinha um ótimo resultado.

Mais tarde meu pai ficou sabendo por intermédio de minha mãe. Ele não quis conversar comigo sobre o assunto naquele dia. Ficou desorientado e ao mesmo tempo desapontado com tamanha irresponsabilidade de minha parte em não me preservar contra o vírus HIV.

No trabalho, eu resolvi não dizer nenhuma palavra, temia o preconceito das pessoas e o desemprego. Mas era notória a minha tristeza. Aquele rapaz alegre e divertido do trabalho já não existia, me tornei uma pessoa sensível e insegura. Eu estava vivendo pelo apoio e incentivo da minha família.

A igreja

3

Nos dias que se passaram, eu não sentia absolutamente nenhum sintoma da doença. Apenas uma desilusão e uma grande incerteza a respeito do futuro.

Minha família estava sempre me observando, como se estivessem imaginando a minha partida.

Mudei completamente a minha rotina, não saía nos finais de semana, não queria mais saber de sexo. Eu não sentia vontade de ter relações com mais ninguém. O vírus me bloqueou completamente. Isso não é comum acontecer com os portadores. Muitos continuam suas relações sexuais normalmente, se prevenindo todas as vezes que se relacionam. Mais tarde entendi o motivo do meu bloqueio sexual.

Comecei a sentir a obrigação de ligar para todas as garotas com quem eu havia me relacionado. Passei a me sentir culpado por não me prevenir da doença. Queria saber se haviam se contaminado com o vírus. Eu não queria que ninguém soubesse que eu estava contaminado, então resolvi dizer que uma das garotas com quem me envolvi estava infectada. Todas as pessoas para as quais liguei ficaram muito assustadas e me disseram que fariam o teste. Aquelas respostas me tranquilizaram.

Ao retornar do trabalho, resolvi me distrair, liguei o rádio. Eu e a mamãe ouvíamos uma música quando mudei a sintonia. Estava sendo transmitido um programa evangélico. Aquelas palavras chamaram a nossa atenção:

"Se você está sofrendo por motivo de doença, droga, desemprego, seja qual for o seu problema, venha nos visitar! Eu tenho certeza de que encontrará a cura, o emprego, enfim, a solução para os seus problemas! Lembre-se, só existe uma saída: Jesus!"

Quem nos chamou a atenção foi um pastor evangélico. Não citarei o nome da igreja, porque divulgar não é minha intenção.

Minha família era de formação católica, mas não éramos praticantes. Íamos à igreja em ocasiões cerimoniais. Na verdade, não frequentávamos a igreja, mas dizíamos que éramos católicos.

— Ricardo, que tal irmos até essa igreja para conhecer? — perguntou mamãe.

— Vamos, mamãe! Talvez seja a solução — respondi empolgado. Tanto eu como minha mãe estávamos desesperados e tentando achar uma solução para aquela doença.

É importante lembrar que naquela época não havia muitas esperanças para os portadores, mas felizmente hoje já existem medicamentos mais eficazes contra a Aids.

Então, naquele mesmo dia, procuramos uma igreja evangélica. Entramos e fomos bem recebidos pelos adeptos que frequentavam o lugar. Sentamos e em seguida um pastor, que atendia pelo nome de Jonas, começou a falar. Entre vários assuntos, citarei o que nos chamou a atenção:

"Se você está doente e sua doença não tem cura, não temas, pois para Jesus, que é o médico dos médicos, não há doença incurável. Entrega a sua vida a Jesus, e ele te libertará de todo o mal!"

Depois ele leu um capítulo bíblico em que Jesus realizou vários milagres.

Eu e minha mãe ficamos emocionados com as palavras do pastor. Nunca havíamos entrado numa igreja evangélica. Éramos leigos no assunto, então resolvemos procurar o pastor após o culto para conversar. Expliquei o meu caso a ele e perguntei o que deveria fazer para obter a cura de Jesus, como ele havia anunciado durante o culto. O pastor me recebeu com muito entusiasmo. Disse-me, olhando no fundo dos meus olhos:

— Você acredita realmente que Jesus pode curá-lo? — Eu respondi que sim e ele continuou: — Faça o que eu disse; entregue a sua vida a Jesus, converta-se, receba o batismo das águas e com certeza será curado. Pois Jesus disse: "Eu sou o caminho, a verdade e a vida, ninguém chega ao Pai senão por mim". Isso quer dizer que Jesus é vida e que por meio da igreja poderá alcançar tudo o que deseja, pois aqui encontrará o caminho e a verdade de Jesus.

Ele começou a citar alguns testemunhos de pessoas que frequentavam a igreja e que haviam obtido a cura pela fé.

Ficamos muito impressionados com os relatos feitos pelo pastor. Saímos da igreja convencidos a nos converter, nos batizar e seguir os ensinamentos daquele pastor.

Quando chegamos a nossa casa, Rogério estava lá, então resolvemos contar a todos a decisão de nos tornar evangélicos. Minha irmã e meu pai não tiveram nenhuma opinião a respeito do assunto, já meu irmão nos alertou:

— Acho que vocês não deveriam ter tanta certeza da cura pela fé. Poderão se decepcionar, caso não obtenham resultado. Não aprovo essa escolha que vocês fizeram. Vou dizer a verdade: acho um absurdo!

A conversa que tivemos com o pastor Jonas nos deixou convictos. Tínhamos a absoluta certeza de que devíamos nos converter à igreja evangélica. A opinião de Rogério naquele momento não teve nenhuma importância.

Começamos a frequentar a igreja e algum tempo depois já estávamos batizados e convertidos. Sempre quando o culto terminava, nós procurávamos o pastor Jonas para conversar. Naquele dia, contamos a ele sobre meu irmão, que não aprovava a nossa opção religiosa. O pastor foi categórico:

— Não é ele que é contra a opção de vocês, e sim o demônio. O seu irmão é um instrumento nas mãos do nosso maior inimigo. Não deem atenção ao que ele diz. Na verdade, o demônio só quer tirar-lhes a fé e a cura que Deus está preparando para você, meu irmão! — Ele falou por mais algum tempo, depois nos despedimos e partimos.

No caminho para casa, eu meditava sobre as palavras do pastor, por quem eu tinha grande admiração; no entanto não conseguia aceitar que o Rogério, uma pessoa tão maravilhosa, pudesse ser um instrumento nas mãos do demônio.

No dia seguinte, meu irmão nos visitou. Contei a ele o que o pastor havia dito a seu respeito. O Rogério ficou furioso:

— E vocês acreditaram que eu sou realmente um instrumento do demônio?

Percebendo que eu e a mamãe não respondíamos à pergunta dele, dirigindo o olhar para mamãe, ele tentou novamente:

— Você crê que eu, o seu filho, pertence ao demônio? Somente porque não frequento uma igreja evangélica?

Diante de perguntas tão enfáticas, minha mãe se manifestou contra a opinião do pastor:

— Não, meu filho, nós não acreditamos nessa acusação. O pastor Jonas só disse isso porque ele não o conhece, não sabe o coração generoso que você possui. O demônio jamais utilizaria você.

— Se vocês respondessem que sim, eu não voltaria mais nesta casa. Acho um absurdo o que esses pastores fazem. Dominam as pessoas que acreditam em demônios e assim conseguem separar familiares e amigos, dizendo que todos os que não frequentam uma igreja evangélica estão possuídos. Que somente o seguimento deles leva a Jesus.

Minha irmã Rosana se manifestou:

— Eu concordo com o Rogério e acho que vocês deveriam abrir os olhos antes que se tornem prepotentes e fanáticos.

Calei-me com os comentários de meus irmãos. Não queria criar uma discussão familiar por motivos religiosos.

Naquela mesma semana, fui ao consultório do doutor Norberto. Relatei a ele sobre minha opção religiosa e pedi um novo exame. Eu estava convicto a respeito da cura:

— Tenho certeza de que estou curado. Depositei toda a minha fé em Jesus e sei que ele me curou.

— Olha, Ricardo, desculpe, mas tenho que te alertar. Não tenha absoluta certeza; trabalhe com a dúvida. Digo-lhe isso para que, mais tarde, não se decepcione com Jesus, que nada tem a ver com nossos problemas.

Eu estava tão confiante a respeito da cura que não quis refletir sobre as palavras do doutor. Pensei: "Médicos não creem em nada, só na medicina".

Dias depois, com o resultado em mãos, resolvi abri-lo na igreja, na presença do pastor, para que durante o culto eu pudesse dar o testemunho da minha cura. Eu e minha mãe tínhamos absoluta certeza de que eu havia me curado.

Chegamos mais cedo, procuramos o pastor, que muito animado nos recebeu em particular, numa sala que havia nos fundos da igreja, onde costumávamos conversar:

— Então, trouxe o exame? — perguntou ele.

Fiz um sinal positivo e o pastor disse:

— Tenha certeza! Você está curado em nome de Jesus.

— Eu tenho certeza, pastor Jonas! — disse animado.

Abri o exame na presença dele e de minha mãe. O resultado era o mesmo. Comecei a chorar diante de tamanha decepção.

O pastor se calou por um instante, depois tentou explicar o resultado do exame:

— O que temos que entender é que sempre prevalece a vontade de Deus. Se o resultado é positivo, é porque você ainda não é merecedor da cura.

Fiquei muito nervoso depois de ouvi-lo:

— Mas o senhor me disse que a vontade de Deus era curar-me, que bastava que eu me entregasse a ele de corpo e alma, me convertesse! E ele com certeza dar-me-ia a cura. Lembra-se?

O pastor me respondeu com um sorriso irônico:

— Sim, eu disse. Mas isso depende do tamanho da sua fé. Se não teve fé suficiente, não pode culpar Jesus.

— Fiz exatamente tudo o que senhor disse, me converti à religião, me batizei. E tudo o que tem a dizer é que não tive fé suficiente?

O pastor se irritou comigo e falou em voz alta:

— Você só se converteu pelo interesse da cura! Por esse motivo não foi curado!

— Me converti porque o senhor me garantiu que Jesus é vida, que ele me daria a cura. Não é essa a propaganda que fazem diariamente? Que Jesus é a solução para todos os problemas? E agora me diz que fui um interesseiro? O senhor me induziu a me interessar pela religião com promessas absurdas! É claro que eu quero viver, ser curado, me livrar do vírus, mas isso não lhe dá o direito de dizer que sou um interesseiro! O senhor nunca saberá o tamanho da minha fé, portanto, não me julgue!

O pastor tentou encerrar o assunto:

— Não tenho mais tempo pra vocês. Vou começar o culto. Mais tarde conversaremos. Você está muito nervoso. Agindo assim, atrairá o demônio para a sua vida!

— É só isso que o senhor sabe dizer? O demônio, o demônio e o demônio! Tudo o que acontece é relacionado ao demônio. Agora lhe pergunto, pastor: Onde entra Jesus na sua vida? Se está sempre pensando e falando no demônio?

Ele não me deu nenhuma resposta, seguiu para o grande salão, onde começaria mais um culto.

Olhei para minha mãe totalmente decepcionado.

— Não tenho mais nada o que fazer aqui. Vem comigo ou prefere ficar?

— Vamos, meu filho, penso exatamente como você. Por isso não o interrompi durante a discussão.

No dia seguinte fui até o consultório do doutor Norberto totalmente desanimado. Era final de expediente, então ele pediu que eu me sentasse e ficasse à vontade. Percebendo o meu silêncio, o médico iniciou a conversa:

— Vejo que ficou decepcionado com o resultado do exame.

Comecei a chorar e relatei tudo ao médico, que me ouviu atenciosamente e depois deu a sua opinião:

— Ricardo, você disse que se converteu à igreja evangélica em busca da cura, melhor dizendo, da vida. Quando o pastor lhe disse que Jesus é vida, esqueceu-se de dizer o mais importante: que a vida é eterna, a morte não pode acabar com a nossa existência. Mesmo depois da morte física, continuamos vivos.

— O senhor quer dizer vivos em espírito?

— Exatamente. Quanto à cura, tenho uma opinião a respeito: acho que devemos pensar em nos curar espiritualmente. Estamos vivendo aqui. Se passamos por provas, é porque queremos evoluir o nosso espírito e melhorar. As doenças da matéria não eliminam a nossa alma. A morte pode acabar com nosso corpo, mas jamais destruirá o nosso espírito.

— Qual a sua crença? Perguntei curioso.

— Sou espírita. Acredito na vida espiritual, pois é comprovada diariamente. Os espíritos se comunicam com os vivos por meio de vários fenômenos, desde os tempos primatas.

Interrompi o médico e perguntei:

— E quanto ao demônio? Os espíritas acreditam nele?

— Segundo a doutrina espírita, Deus possui a soberana e suprema inteligência, portanto não criaria um anjo devotado eternamente ao mal, que iniciaria uma disputa infinita entre eles por causa do sentimento da inveja, como dizem certos religiosos. Os anjos não podem possuir senão bondade, ou seja, são desprovidos da vaidade, do ódio, da maldade, defeitos que só pertencem a nós, os humanos. Os seres angelicais, chamados espíritos puros, fazem parte da primeira classe dos espíritos, conhecidos também como anjos, serafins e arcanjos. No evangelho encontramos várias passagens em que Jesus classifica espíritos impuros e demônios como sinônimos um do outro. O conceito da época era que a palavra demônio significava gênio ou espírito. Portanto, o demônio era uma simbologia do mal, ou espírito impuro. Quando Jesus disse "Apartai-vos de mim demônios", ele estava se referindo a vários espíritos que o incomodavam. Então a religião criou uma divindade poderosa que conhece até os pensamentos dos humanos. Segundo os que acreditam no demônio, ele pode destruir uma vida ou até mesmo uma família inteira. Esse demônio com o símbolo de chifres e rabo só existe para os que nele creem. Na verdade essas pessoas passam a temê-lo da mesma forma que temem a Deus, outro absurdo; se Deus é amor, por que devemos temê-lo? Deus não castiga ninguém. Nós é que nos castigamos cada vez que não valorizamos a vida e as oportunidades obtidas por ele.

Achei muito interessantes as explicações dadas pelo doutor Norberto a respeito do demônio.

— No seu caso, me disse que seu irmão o aconselhou diversas vezes a se prevenir contra o vírus da Aids. Enquanto seu irmão o aconselhava, ele era instruído por Deus, que o alertava do mal que estava trazendo para sua própria vida.

Pensei: "Enquanto o pastor Jonas dizia que meu irmão era instrumento do demônio, o doutor dizia o contrário, que ele era instruído por Deus".

— Então quer dizer que o demônio não existe?

— Não. Existem três categorias de espíritos. A primeira são os espíritos imperfeitos, que se propiciam o mal. A segunda são os espíritos bons, que predominam no desejo de praticar o bem. E a terceira categoria são os espíritos puros, que atingiram o supremo grau da perfeição.

— E quanto à vida eterna que o senhor citou?

— A vida eterna pertence aos espíritos. Jesus foi bem claro quando disse: "Aquele que crê em mim, ainda que esteja morto, viverá". Como pode um morto viver novamente? — perguntou-me o doutor.

— É impossível uma pessoa morta retornar à vida, doutor.

— Exatamente. O que Jesus quis dizer é que o espírito viverá, e não o corpo carnal. Em outra passagem do evangelho, ele reafirma a vida espiritual quando disse: "Na casa de meu Pai há muitas moradas". Algumas pessoas acreditam que, após a morte, os nossos espíritos caem em sono eterno. Se essa tese fosse verídica, as palavras de Jesus seriam diferentes, ele diria que na casa de seu Pai há muitas camas. — O doutor Norberto sorriu e eu também, então ele fez uma pausa e disse: — Acho que a nossa conversa está lhe fazendo bem. É a primeira vez que o vejo sorrir.

— Realmente, doutor, eu tomei a atitude correta ao procurá-lo. Vejo que tem muito a me oferecer.

— Preste atenção no que vou lhe dizer. Não generalize as igrejas evangélicas. Nem todos os pastores são incoerentes como foi o pastor Jonas, que, tentando te converter, prometeu-lhe a cura da Aids, por meio de Jesus. Conheço vários pastores evangélicos que não tomariam essa atitude. Prometer a cura pela fé a um doente chega a ser uma crueldade, mas procure esquecer essa história. Não guarde mágoas do pastor Jonas, ele tentou ajudá-lo da maneira que achava correta, de acordo com sua fé e sua crença. Pense que todas as religiões são boas, elas sempre tentam amenizar os nossos sofrimentos nos trazendo um consolador, um Deus que ouve todos, sem exceção. Na doutrina espírita não há promessas de cura. As doenças estão relacionadas a vários fatores, dentre eles a modificação do enfermo, problemas relacionados com encarnações passadas, a cura da alma. Muitas vezes o sofrimento é um período necessário em nossa vida para que possamos refletir sobre a nossa existência, sobre perdoar o próximo e nos perdoar.

Quando o doutor disse "nos perdoar", me tocou profundamente. Naquele instante, eu não entendi a emoção que me causaram as palavras do médico. Tempos depois, descobri que aquela frase respondia a todo o meu drama. Mas não quero antecipar os fatos. Ele percebeu a minha emoção e me ofereceu um copo de água. Depois continuou a sua explicação:

— O Centro Espírita nos oferece tratamento espiritual, passes, orientações morais e espirituais e tenta minimizar o nosso sofrimento.

— Achei muito interessante a nossa conversa, gostaria de conhecer o espiritismo — eu disse curioso.

— Veja bem, Ricardo, passamos a conhecer o espiritismo quando estudamos e entendemos o verdadeiro sentido das palavras do nosso amado Jesus. Vou lhe emprestar alguns livros que lhe trarão esclarecimentos a respeito do significado da palavra espiritismo.

Ele abriu a gaveta e retirou dois livros: *O Evangelho Segundo o Espiritismo* e *O Livro dos Espíritos*, compilados por Allan Kardec.

— Pretendo ainda lhe emprestar mais um livro dele chamado *O Céu e o Inferno*. Tenho certeza de que todos lhe trarão várias respostas.

— Muito obrigado, doutor! O senhor não faz ideia de como foi importante a nossa conversa.

— Ricardo, o maior ensinamento deixado por Jesus foi o amor ao próximo. Sinto por você uma grande admiração. Farei o que puder para lhe ajudar nessa sua busca por uma explicação admissível para seus problemas.

Saí do consultório do doutor Norberto me sentindo muito melhor. Queria ler aqueles livros e recomeçar a minha vida e, com tais esclarecimentos, tinha absoluta certeza de que me trariam respostas que há tempos eu buscava.

Conhecendo o espiritismo

4

Assim que entrei em casa, fui recebido por Rogério e minha cunhada Tânia, que conversavam com a minha mãe.

Meu irmão, muito curioso, perguntou:

— Que livros são esses?

— São livros de Allan Kardec. Já ouviu falar dele?

— Já ouvi, sim. A tia da Tânia frequenta um Centro Espírita e já nos falou sobre Kardec.

— Estive no consultório do doutor Norberto hoje à tarde e conversamos sobre o pastor Jonas e outros assuntos. Ele é espírita e me esclareceu algumas questões, segundo sua crença, que me deixou muito feliz. Cheguei ao consultório nervoso, desanimado e saí muito bem de lá.

Os três ouviam com atenção. Minha mãe, muito interessada, perguntou:

— O que esse médico lhe disse que te deixou tão feliz, meu filho?

— Ele me disse que a vida é eterna, que eu nunca morrerei; que mesmo depois da minha morte continuarei vivo.

O silêncio reinou na sala de minha casa. Minutos depois, Tânia se manifestou:

— Eu conheci a doutrina espírita por meio de minha tia Cacilda. Se a palavras do seu médico te causaram alguma curiosidade, acho que deveria ler, se informar a respeito desse assunto, que é muito interessante. Fui algumas vezes no Centro Espírita que minha tia frequenta e me senti muito bem.

Acredito que a minha mãe queria ouvir outra resposta. Talvez que o médico havia me dito que eu me curaria por meio do espiritismo. Ela fez uma expressão de reprovação e foi para a cozinha preparar um café.

— Acho que a mamãe ficou desapontada com a minha resposta — comentei com o casal, e meu irmão expôs sua opinião:

— Quer saber a minha opinião? Prefiro vê-lo com os pés no chão do que sonhando com uma cura que a medicina desconhece.

Minha mãe voltou para a sala e serviu o café, calada. Então eu perguntei:

— O que houve, mamãe?

Ela respondeu com a voz embargada e um pouco tensa:

— Não houve nada!

Insisti para que falasse o que estava sentindo. Então ela resolveu desabafar; com lágrimas que escorriam pela face, disse um tanto exaltada:

— Eu não quero que você continue vivendo em outro lugar, longe de nossa família. Quero que fique conosco! Que se liberte dessa doença!

— Acalme-se, mamãe, não se revolte. Se me contaminei com o vírus da Aids foi porque não tive o mínimo cuidado. Deus não é obrigado a me curar.

Estávamos com os ânimos exaltados, mas eu não quis discutir com a minha mãe, que sofria com aquela situação. Despedi-me de meu irmão e de Tânia e me retirei da sala. Eles ficaram conversando. Tânia aproveitou a minha ausência para aconselhar a minha mãe:

— A senhora não pode reagir assim com o Ricardo. Tente apoiá-lo, dona Clarice. Dar-lhe força e coragem para enfrentar a doença. Agindo assim, não conseguirá ajudá-lo.

— Eu sei que agi mal com o Ricardo, mas entenda: sou a mãe dele, não quero perdê-lo — começou a chorar novamente.

Rogério tentou acalmá-la:

— Eu entendo, mamãe, mas temos que ser fortes e passar energia positiva a ele. Procure não chorar e se lamentar na presença dele, isso o faz sofrer ainda mais.

— É verdade, dona Clarice. Sei que não é fácil, mas temos que ajudar. Se o espiritismo fizer bem ao Ricardo de alguma maneira, a senhora tem de apoiá-lo.

Rogério interrompeu Tânia e complementou:

— Depois que meu irmão soube que havia contraído o vírus, eu nunca mais o vi tão feliz como hoje.

Diante dos argumentos do casal, minha mãe balançou a cabeça positivamente e disse:

— Eu prometo que vou procurar me acalmar, depois conversarei com ele. Vocês precisam entender que é muito difícil aceitar que meu filho vai embora, que eu não vou vê-lo mais. Não quero perdê-lo.

Enquanto eles conversavam na sala, eu mergulhava na leitura. Comecei a ler *O Livro dos Espíritos*, em que encontrei uma série de perguntas e respostas a respeito da vida após a morte, entre outras.

Mais tarde, minha mãe subiu até o meu quarto, me deu um abraço carinhoso e se desculpou. Comecei a explicar à mamãe algumas questões do *Livro dos Espíritos*. Ela ficou muito curiosa, sentou-se ao meu lado e ficamos conversando por algum tempo.

Passadas algumas semanas, liguei para o doutor Norberto e disse que havia terminado a leitura dos livros e que havia sido muito proveitosa. Então o doutor me convidou para ir até o seu consultório após o expediente para que pudéssemos conversar. Segui para o consultório, depois das dezoito horas.

O doutor Norberto me esperava e me recebeu com um sorriso amigo, como era de costume.

— Olá, meu rapaz! Como vai?

— Estou me sentindo muito melhor. Os livros que o senhor me emprestou esclareceram muitas dúvidas. Sinto-me até envergonhado diante das promessas absurdas que fiz a Deus para obter a cura, a conversão. Como pude acreditar que seria curado?

— Veja bem, Ricardo, o que aconteceu com você acontece diariamente com diversas pessoas. A psicologia nos explica o seguinte: se você repetir uma frase todos os dias a alguém, a pessoa, além de decorar a frase, também passará a acreditar nela. Dentro de uma igreja evangélica existem pessoas de todas as classes sociais. A cultura e o conhecimento intelectual do ser humano não se alteram quando estamos desorientados. Então alguns pastores que sabem trabalhar com a psicologia são repetitivos, usando sempre as mesmas frases, até conseguirem convencer as pessoas que, se frequentarem aquela igreja e se converterem, terão seus problemas solucionados. Como no seu caso, em que o pastor prometeu a cura com tanta convicção que acabou convencendo-o a segui-lo, dizendo repetidas vezes que Jesus é a solução de todos os problemas. Essa frase realmente funciona, enfim, muitas pessoas se convertem a essas igrejas com a esperança de uma vida melhor. Acreditam realmente que Jesus solucionará todos os seus problemas. Na verdade, se nós não nos modificarmos interiormente, nada acontecerá. Devemos sempre lembrar que temos o livre-arbítrio para direcionar nossas vidas, nossas opiniões, nossos vícios, enfim, nem tudo está nas mãos de Deus, como costumam dizer. Por exemplo, para uma pessoa que é viciada, a iniciativa de abandonar o vício tem que surgir dela; e Deus com certeza agirá colocando em seu caminho pessoas que poderão ajudá-la. Um emprego não cai do céu se o indivíduo não se esforçar em procurá-lo. Há uma frase muito interessante no *Evangelho Segundo o Espiritismo* que diz: "Ajuda-te, e o céu te ajudará". A iniciativa sempre tem que partir de nós mesmos, e Jesus nos ajudará com toda certeza. Mas não podemos jamais depositar a responsabilidade de nossas dificuldades em Jesus, que nada tem a ver com nossos problemas. Enfim, não vivemos num paraíso, vivemos num mundo onde há doenças, acidentes, dificuldades.

— O senhor está certo, por isso nosso planeta é de provas e expiações.

— Exatamente. Estou vendo que aprendeu muito com os livros que lhe emprestei.

— A leitura me fez muito bem e me trouxe esclarecimentos. Gostaria que o senhor me explicasse a respeito da cura pela fluidoterapia.

— A fluidoterapia é conhecida como passe espírita. É realizada com a imposição das mãos do médium e influi positivamente na saúde física e mental das pessoas. Em seguida, toma-se a água fluidificada pelos amigos espirituais que atuam no local. É importante ressaltar que a fluidoterapia não cura doenças cármicas, mas alivia sintomas e facilita a compreensão e a tolerância em relação à doença.

— E como é feito esse tratamento?

— O paciente deve estar com a mente receptiva, isto é, em sintonia com o ambiente espiritual pelo pensamento. Estar com a mente receptiva é sempre indispensável.

Eu estava encantado com a doutrina espírita. Ouvia atentamente a todas as explicações dadas pelo médico, a quem já considerava um amigo. Depois disse que gostaria muito de conhecer um Centro Espírita. Ele me convidou para participar de uma sessão espírita na mesma semana. Pedi que minha mãe me acompanhasse e ela aceitou.

Fomos à sessão espírita e lá tive a oportunidade de apresentar o doutor Norberto à minha mãe. O ambiente era silencioso e harmonioso. Fomos recebidos com muita atenção e respeito, ao som de uma música clássica, que tocava com o volume baixo para não incomodar aqueles que faziam suas preces.

Depois de alguns minutos, iniciou-se a palestra, que era realizada pelo dirigente da Casa Espírita, um senhor que atendia pelo nome de João. Ele se apresentou, cumprimentou todos e deu início à palestra que nos emocionou muito.

Naquele dia ele falou sobre o amor, o sentimento mais puro e mais sublime que existe. O amor que Deus tem por todos nós e sua infinita misericórdia, que permite a cada reencarnação nos reunirmos com pessoas que amamos, para que dessa maneira possamos nos sentir felizes. Ao final da palestra, minha mãe me abraçou e disse que me amava, e eu retribuí o seu afeto com um carinhoso abraço e um beijo.

Em seguida fomos convidados para ir até a sala de passes. Ao sairmos de lá, seguimos para casa com uma certeza: o caminho de Jesus é a caridade e o amor.

Alguns dias depois, estávamos todos reunidos no almoço de domingo, fazíamos a refeição em silêncio. Ao contrário do passado, quando os almoços aos domingos eram sempre muito divertidos e eu fazia todos rirem com o meu bom humor. Depois que soube que tinha contraído o vírus da Aids, mudei radicalmente o meu comportamento. Quase não sorria, estava sempre pensativo, calado e a minha família me respeitava. Eles não me cobravam absolutamente nada.

Naquele dia resolvi mudar aquela situação. Pedi a atenção de todos:

— Gostaria de aproveitar a oportunidade e dizer a vocês que tomei uma decisão: não vou mais conviver com o vírus da Aids! — Todos me olhavam espantados. Continuei: — O vírus terá que aprender a conviver comigo. Continuarei sendo o mesmo Ricardo de sempre. Não tenho motivos para ficar cabisbaixo e triste; estou bem de saúde, estou trabalhando, tenho vocês que me apoiam, e, o mais importante, tenho o conhecimento de que a vida é eterna.

Todos, emocionados, me abraçaram.

Rogério me disse:

— Assim é que gostamos de vê-lo! Perder a sua identidade não vai resolver nada.

Almoçamos e, quando todos já estavam se retirando da mesa, meu pai, que ouviu tudo calado, como era de costume, segurou o meu braço e muito emocionado me disse algumas palavras:

— Meu filho, eu fiquei muito feliz com a sua atitude. Você mostrou, mais uma vez, que aprendeu tudo o que eu e sua mãe lhe ensinamos ao longo de sua vida. Por mais difícil que seja a situação, temos que aceitá-la. Não desista de ser feliz e nunca deixe de sorrir, porque a felicidade de seus pais depende da sua.

Ficamos abraçados por alguns minutos. Depois nos juntamos à família na sala.

Eu resolvi ligar o som, dançar com as crianças, com a minha irmã, brincamos e conversamos como se aquele vírus não existisse.

Daquele dia em diante passamos a viver e aproveitar o tempo que tínhamos para nos divertir, rir, brincar, sem tristezas e lamentações. Tudo o que eu queria era viver intensamente cada minuto da vida junto de minha família.

A passagem

5

Passei a frequentar o Centro Espírita e a estudar a doutrina. Aquela busca pela cura já não me pertencia; o que eu desejava era compreender algo maior, que ultrapassa a morte — melhor dizendo, a vida após a morte.

O sexo na minha vida pertencia ao passado. Depois que descobri que havia contraído o vírus não me relacionei com mais ninguém. Mais tarde, descobri o motivo da falta de interesse até mesmo pelo sexo seguro com preservativos. O doutor Norberto sempre dizia que eu vivesse normalmente dentro dos limites de um portador. E que o sexo seguro com preservativos não prejudicaria ninguém.

Oportunidades apareciam, algumas amigas sabiam que eu era um portador e, mesmo assim, não se importavam em me convidar para sair, é claro, usando preservativos. Mas na verdade praticar sexo sem amor não me interessava mais. Eu sentia vontade de amar e ser amado, pelo menos uma vez na vida. E esse sentimento foi crescendo a cada dia.

Numa noite, tive um sonho que me deixou pensativo o dia todo. Sonhei que estava num jardim e deparei com uma linda jovem que possuía os mais lindos olhos que conheci. Eram azuis da cor do céu, os cabelos eram castanhos. Seu sorriso era encantador. Ela caminhou em minha direção, sentou-se ao meu lado e senti uma vontade enorme de beijá-la e ficar ao seu lado para sempre. Foi uma sensação inexplicável. Sem dizer uma palavra, nos beijamos e infelizmente eu acordei.

À noite fui até o Centro Espírita e comentei o sonho com um médium que atendia pelo nome de Serafim. Ele era um senhor idoso que orientava as pessoas e também trabalhava na sala de passes.

— Sonhei com uma linda jovem e até agora não consegui esquecê-la — relatei o sonho e, curioso, perguntei: — Por que esse sonho não sai do meu pensamento?

O médium me olhou, ficou em silêncio, fechou os olhos e meditou por alguns minutos. Depois me disse tranquilamente:

— A moça que você viu durante o sono está ao seu lado neste momento.

Uma emoção indescritível tomou conta de mim naquele instante. Tive vontade de chorar, sorrir, descobrir seu nome. Então perguntei:

— O que ela quer de mim? Por que está ao meu lado?

— Ela quer protegê-lo e ampará-lo. Pede que você seja forte para enfrentar sua doença e continue de mãos dadas com Jesus; ele vai estar contigo em todos os momentos, para que possa prosseguir rumo à sua evolução espiritual.

Quando ele terminou de falar, eu comecei a chorar feito uma criança; na verdade eu não esperava palavras tão lindas vindas daquela jovem.

O senhor Serafim me deu um passe e eu me retirei daquela sala, com a certeza de que alguém estaria me esperando do outro lado da vida.

Quando retornei para casa, relatei tudo à minha mãe: o sonho, o médium Serafim, a jovem. Minha mãe ouviu, depois falou:

— Vou te dizer uma coisa: eu nunca vi seus olhos brilharem quando você me contava sobre as suas conquistas amorosas como estou vendo hoje. Só fico preocupada em relação à doença que tem a enfrentar.

— Mamãe, isso terei que enfrentar mais cedo ou mais tarde. Não posso criar nenhum tipo de ilusão a esse respeito. Eu tenho muita fé em Deus e sei que não estarei sozinho; Jesus estará sempre ao meu lado.

Naquela noite não conseguia dormir me lembrando daquele rosto tão lindo. Fiz uma prece e em seguida dormi tranquilamente.

Aproximadamente um mês depois comecei a sentir alguns sintomas, como febre, caroços e manchas avermelhadas pelo corpo e uma fraqueza espantosa. Procurei o doutor Norberto. Ele pediu que eu abrisse bem a boca, me examinou com uma lanterna clínica, com a ajuda do estetoscópio, ouviu os meus pulmões e o coração. Perguntou se a febre era constante. Respondi que sim, então ele continuou:

— Infelizmente, você passou de portador assintomático para portador sintomático. A partir de agora, os cuidados serão redobrados em relação à sua doença. Descanse mais, afaste-se do trabalho e procure não se expor. Não se esqueça de tomar o AZT. Infelizmente é o único medicamento que existe por enquanto. Percebi que perdeu peso, isso também é mais um sintoma da doença.

Baixei a cabeça um pouco desanimado. E o doutor Norberto mais vez me incentivou com suas palavras maravilhosas:

— Ricardo, eu acredito na sua força e na sua coragem para enfrentar essa doença. Lembre-se, você não vai morrer, porque a vida continua e o espírito é eterno. A vida terrena é somente uma passagem. Infelizmente alguns não se dão conta dessa verdade; preferem se guiar pelo orgulho, pela vaidade, pelo egoísmo, enquanto deveriam se preocupar em viver do mesmo modo que Jesus viveu: semeando a bondade, a caridade, sem preconceitos, com humildade, sempre sereno e justo. Dentre várias outras qualidades do nosso amado Mestre, por onde passou levou consigo o amor, o perdão e a alegria. Como foi admirável a vida de Jesus em nosso planeta. Pense nisso, não se deixe levar pelo desânimo, pela tristeza e pelo desespero. Acredite, Jesus está de mãos dadas com você. Ele ficará ao seu lado em todos os momentos difíceis que tiver de enfrentar.

Ouvi com atenção as palavras do sábio doutor Norberto, depois voltei para casa.

Gostaria de lembrar ao leitor que contraí o vírus numa época em que a medicina ainda era muito precária em relação à Aids. Hoje, além de diversos medicamentos que são utilizados no tratamento, há também vários cientistas que lutam numa busca incansável pela cura definitiva. E acredito que conseguirão descobrir. Não se esqueçam de que o sarampo, a tuberculose, a coqueluche e várias outras doenças já foram consideradas no passado doenças incuráveis e hoje existem vacinas preventivas contra essas doenças.

Aprendi com a Doutrina Espírita que a cura das doenças vem também por meio da ciência; a inteligência humana vem de Deus. A prova maior é o câncer, doença temida por todo o planeta, que hoje, quando descoberta no início, tem o resultado do tratamento sempre positivo. No passado, a descoberta do câncer era um passaporte para a morte. No entanto, hoje, muitas pessoas, ao descobrirem a doença, não ficam mais desesperadas, pois a medicina avançou muito em relação à cura.

Quanto ao meu trabalho, para evitar possíveis aborrecimentos, preferi pedir a minha demissão, depois resolvi contar que havia contraído o vírus HIV. Todos ficaram impressionados com a notícia. Eu não havia comentado o assunto com ninguém do trabalho. Como eu não apresentava nenhum sintoma, achava desnecessário comentar, mas nessa fase seria impossível negar, devido ao meu estado físico.

Percebi algumas lágrimas nos olhos de Sueli; ela ficou muito triste com a notícia.

Despedi-me de todos. Eles disseram que me visitariam em minha casa. Fiquei esperando.

Depois de algum tempo, a única pessoa que me visitou foi Sueli.

Fiz o que o doutor me recomendou; passava a maior parte do tempo no meu quarto, na companhia de minha mãe e de minha irmã.

A campainha tocou. Minha mãe desceu e minutos depois ela entrou no meu quarto com um sorriso animador dizendo que eu teria uma visita. Era Sueli, minha amiga. Quando ela entrou, percebi seu olhar surpreso. Achou-me mais magro, mas não quis comentar. Disfarçou com outros assuntos. Nessa fase da doença, as pessoas falavam comigo pelo olhar e pela expressão de espanto.

— Olá, Ricardo! Como está se sentindo?

— Estou bem, na medida do possível — estava péssimo, mas não queria preocupar minha mãe com lamentações, pois o sofrimento dela já era enorme em me ver naquela situação. Perguntei: — E o pessoal do escritório? Estão todos bem?

Ela respondeu constrangida:

— Eles estão com saudades de você. Não vieram visitá-lo por causa do tempo. Hoje em dia ninguém tem tempo pra nada. Não é verdade?

— Não precisa se desculpar por eles. Percebi a falta de informação deles. Alguns nem me estenderam a mão na despedida. Eles acham que a Aids pode ser contraída pela amizade — brinquei. Ela sorriu encabulada.

Sueli ficou sentada ao meu lado me olhando e, sem controle, começou a chorar.

— Desculpe, Ricardo, eu não deveria estar chorando, afinal, vim te visitar para te animar e não para deixá-lo mais deprimido.

— Não se preocupe, Sueli, pode chorar. Eu mesmo quase não me reconheço quando me vejo no espelho.

Minha mãe, um pouco contrariada, levantou-se e disse que faria um café para Sueli. Retirou-se, deixando-nos a sós.

Sueli então resolveu se declarar:

— Eu não estou constrangida em ver você assim; estou chorando porque eu te amo, sempre te amei. Não quero perdê-lo. Eu havia me conformado somente com a sua amizade, mas, agora, depois que me contou sobre a doença, estou me sentindo muito mal. No fundo do meu coração sempre existiu uma esperança de que a sua amizade se transformaria em amor e que por fim ficaríamos juntos.

Respirei fundo e disse:

— Querida amiga, só posso chamá-la assim porque o sentimento que sempre tive por você foi de amizade. Não se perturbe com a minha situação. Apesar de tudo, estou em paz, estou com Jesus. Todas as provas que enfrentamos na vida, se estivermos de mãos dadas com ele, elas se amenizam. Jesus alivia os nossos sofrimentos. Aprendi que a revolta agrava ainda mais a situação. Não posso esquecer-me de minha família, que também sofre com tudo o que estou vivendo. Se me revoltar, estarei prejudicando a todos que me apoiam neste momento.

A moça enxugou as lágrimas e voltou a falar:

— Vim até aqui para confortá-lo e vejo que você é quem está me ajudando com palavras tão preciosas. Vejo que você aprendeu várias lições importantes com a Doutrina Espírita.

— Graças a Deus conheci o doutor Norberto, meu médico, que me apresentou essa doutrina tão maravilhosa que só me acrescentou conhecimentos admiráveis.

— Gostaria muito de conhecer essa doutrina, sinto que preciso dar respostas às minhas inúmeras dúvidas a respeito da vida, da morte, do sofrimento, enfim, de tudo.

— Tenho certeza de que encontrará respostas bem diferentes das que está acostumada a ouvir: respostas plausíveis.

Conversamos por mais algum tempo. Minha mãe voltou, serviu o café para Sueli, depois ela se despediu:

— Já vou me despedir para que possa descansar; voltarei outro dia, se não for incomodá-lo.

— Fiquei muito feliz com a sua visita. Mas, antes que saia, eu quero te dizer que um dia encontrará o seu verdadeiro amor e será muito feliz. Você é uma pessoa maravilhosa.

Ela saiu sem dizer nada, porque acreditava que eu era o único amor de sua vida. Foi a última vez que estivemos juntos.

Passados alguns dias, piorei muito, tossia praticamente o dia todo e à noite mal conseguia dormir. O doutor Norberto me fez uma visita e disse que seria melhor a minha família me levar para um hospital.

Meu irmão imediatamente me levou para um dos hospitais onde o meu convênio médico era aceito. Passei pelo pronto-socorro, onde fui examinado rapidamente por um médico de plantão. Ele pediu que fosse feita uma radiografia de tórax. Fiz a radiografia, voltei à sala, ele analisou o raio X e disse:

— É o seguinte: terá que ficar internado; você está com pneumonia — e entregou um pedido de internação para Rogério. — Entregue na recepção do hospital, lá irão lhe informar sobre os procedimentos de internação.

Saímos da sala e Rogério disse que esperássemos. Ele seguiu até a recepção e entregou o papel que tinha em mãos à recepcionista.

— Meu irmão é portador do vírus HIV e está com pneumonia; o médico pediu para entregar este pedido de internação aqui e nos avisou que ele ficará internado.

A moça pediu que ele se sentasse e aguardasse. Fez uma ligação, em seguida o chamou:

— Senhor Rogério, infelizmente o seu irmão terá que procurar um hospital da rede pública. O convênio dele não aprovou a internação.

— Não estou entendendo. Não tem nenhum pagamento atrasado. Por que ele não pode ficar neste hospital? Ele tem direito à internação!

— Eu sinto muito, mas não sei lhe responder.

Rogério ficou furioso e disse em voz alta:

— Eu já entendi! É por ele ser um portador do vírus HIV. Isso não é justo! Todos os pagamentos estão em dia. Vou procurar o médico! — ele saiu em disparada, dirigiu-se até a sala do médico que havia me atendido e relatou o fato. Estava totalmente descontrolado diante daquela situação.

— Acalme-se, eu também concordo com você. Estudei para salvar vidas, independentemente da doença. Mas, infelizmente, não posso fazer nada. Lembre-se de que sou apenas um funcionário do hospital e nada tenho a ver com essa exigência do convênio médico do seu irmão.

— Me desculpe, doutor, sei que o senhor não tem culpa. Mas pensei que pudesse resolver esse problema.

— Eu sinto muito, mas nem a direção do hospital poderá resolver, já que é uma ordem do convênio médico. Vou encaminhá-lo a um hospital que tenho certeza que irá interná-lo.

Fomos para o hospital que o médico nos indicou, e demoraram aproximadamente uma hora para nos atender. O corredor do hospital estava completamente lotado de pacientes esperando por atendimento médico.

Quando entrei na sala, levado numa maca conduzida por Rogério, ele desabafou:

— Achei que o senhor não chamaria o meu irmão para entrar no consultório. Estava quase desistindo de esperar.

O médico, sem cerimônia, respondeu:

— Deveria ter desistido. Assim eu não precisava ouvir suas lamentações. Eu não tenho culpa se o hospital está lotado de pacientes e não tem médico suficiente. Portanto abaixe o tom de voz!

Meu irmão, muito nervoso, preferiu se retirar. Minha mãe ficou comigo. O médico me examinou rapidamente e fez o pedido de internação.

A enfermeira me conduziu até o quarto e minha mãe e meu irmão seguiram para casa, desapontados. Chegando ao quarto, percebi que havia várias camas com pacientes com o mesmo peso corporal, então deduzi que todos que estavam ali eram portadores do vírus. Fui colocado na cama que ficava próxima à parede, do lado esquerdo do quarto. Do meu lado havia um rapaz. Logo que a enfermeira saiu, ele começou a resmungar algumas palavras. Percebi a sua homossexualidade pelo seu modo de falar:

— Vai se acostumando, viu! Aqui, somos tratados como animais, sem nenhum respeito. Nunca pensei que eu fosse passar por isso. — Ele embargou a voz e começou a chorar. Eu fiquei calado, preferi ouvi-lo. — Você tem família? — perguntou-me o rapaz.

— Sim. Eles voltarão amanhã para me visitar.

— Que bom! Agradeça a Deus. Eu tenho família, mas assim que souberam que eu havia contraído o vírus da Aids eles me abandonaram. É muito triste saber que vai morrer sozinho, sem ninguém. Porque essas enfermeiras não têm um ato de carinho com os pacientes — ele voltou a chorar.

Uma das enfermeiras entrou no quarto e se dirigiu à cama dele com tamanha arrogância e estupidez que Cláudio se encolheu feito uma criança assustada.

— Cláudio! Você já vai começar a reclamar? Os outros pacientes precisam dormir. Chega de conversa — ela saiu resmungando. — Estou cansada desse Cláudio.

Então eu comecei a pedir que um bom espírito iluminasse e consolasse aquela triste realidade que aquele ser humano estava vivendo. Minutos depois ele adormeceu.

No dia seguinte, minha mãe entrou no quarto na hora da visita. Ela perguntou se eu estava melhor. Eu respondi que sim.

— Não fique preocupado, meu filho, assim que você melhorar, pedirei ao médico que lhe dê alta para que eu possa cuidar de você em casa. Daqui a uns dias você vai estar melhor, se Deus quiser.

Enquanto ela falava, eu só conseguia olhar nos olhos dela. Não tinha forças para responder, só balançava a cabeça fazendo um sinal positivo.

A visita terminou. Minha mãe saiu muito preocupada e foi conversar com o médico responsável.

— Doutor, eu achei o meu filho muito pior do que ontem; conversei com ele, mas mal me respondia. Ele está tossindo muito, está febril.

— Vou vê-lo daqui a pouco. Hoje pela manhã ele estava melhor. Pode ser que tenha piorado.

— Eu posso aguardar uma resposta aqui, enquanto o senhor o examina?

— Sim, aguarde no corredor, depois eu a chamarei.

Ele conversou com outros familiares, depois subiu até o andar onde ficava o meu quarto, me examinou e saiu. Voltou para sua sala, pediu que minha mãe entrasse e foi direto ao assunto:

— É o seguinte, minha senhora, vou transferir o seu filho para a UTI (Unidade de Terapia Intensiva). Ele piorou muito.

Minha mãe começou a chorar.

— Eu estava com tanta esperança que ele melhorasse depois da internação.

— Minha senhora, o seu filho está na fase terminal da Aids. A senhora tem que se conformar. Agora peço sua licença, tenho que continuar atendendo os pacientes.

Minha mãe saiu da sala e seguiu para casa.

Dois enfermeiros vieram me buscar.

— Ricardo, você vai ser transferido. O rapaz que atendia pelo nome de Cláudio, que estava do lado da minha cama, se despediu de mim.

— Tchau, Ricardo, vai com Deus!

Eu balancei a cabeça, agradecendo, mas não tive forças para responder, estava muito mal.

Quando cheguei naquele andar, percebi que estava na UTI.

Alguns dias depois, minha mãe sentia que a minha passagem para o mundo espiritual estava se aproximando. Muito angustiada, pediu ao doutor Norberto que a acompanhasse até o hospital. Era permitida a entrada somente de uma pessoa na UTI, mas, como o doutor Norberto já havia trabalhado naquele hospital, ele pediu à direção que permitisse a sua entrada e foi atendido prontamente, com a maior cordialidade e respeito, pelo diretor do hospital, que o admirava muito como profissional e amigo.

Meus irmãos ficaram aguardando a visita de minha mãe e do médico na sala de espera. Eles não podiam entrar para me visitar, mas não deixaram de acompanhar a minha mãe até o hospital. Ansiosos por notícias, sentavam, levantavam e se abraçavam. Com olhos parados e lacrimejando, esperavam a saída de minha mãe. Por causa da ansiedade dos dois, os quinze minutos de visita pareciam uma hora — eles contavam minuto a minuto e olhavam sem parar para a porta da UTI.

Eu estava com os olhos fechados quando percebi a presença de alguém que tocava em meus cabelos suavemente. Abri os olhos e vi minha mãe e o doutor Norberto ao meu lado. Os dois estavam em oração pedindo por mim. Quando viram que eu despertei, me cumprimentaram. Minha mãe me beijou e pegou na minha mão.

Com muita dificuldade para respirar e falar, balbuciei algumas frases:

— Mamãe, eu não quero que sofra por mim. Estarei bem melhor depois da passagem para o plano espiritual. Continue frequentando o Centro Espírita para que possamos nos comunicar. Não se revolte; aceite a minha passagem. Obrigado por toda a sua dedicação e carinho.

Apertei a mão de minha mãe e não vi mais nada; mergulhei num sono profundo. Minha mãe, amparada pelo doutor Norberto, não resistiu à minha partida e desmaiou. Fui levado para o plano espiritual com ajuda de três irmãos socorristas; entre eles estava Valéria.

Eu estava completamente adormecido, mas o meu espírito estava preparado para regressar ao mundo espiritual, que eu já conhecia pelos livros espíritas.

A *vida continua*

6

Minha mãe acordou do desmaio em um dos quartos do hospital, ao lado de meus irmãos, que obviamente, já tinham conhecimento da minha passagem. Ela abraçou os filhos, emocionada:

— Me ajudem a viver, meus queridos.

— Vamos tentar nos conformar, mamãe. Tenho certeza de que agora ele está muito melhor — disse Rosana, tentando acalmá-la.

Rogério decidiu que avisaria o meu pai pessoalmente. Ele foi até a garagem de ônibus onde meu pai trabalhava e esperou durante algum tempo, pois ele estava realizando mais uma de suas viagens. Quando ele chegou à garagem, viu meu irmão. O Rogério não precisou dizer nenhuma palavra; o coração dele lhe avisou. Então ele se aproximou e disse:

— Já sei, meu filho. O seu irmão partiu e você veio me avisar.

— Infelizmente, a notícia que lhe trago é essa. O Ricardo faleceu hoje pela manhã.

Os dois se abraçaram e ficaram ali, parados, durante um tempo.

Depois de alguns dias, acordei. Eu estava num posto de socorro, local parecido com um hospital. No quarto onde eu estava havia mais duas camas vazias. O local não se parecia com o hospital público onde fui internado. As paredes tinham uma tonalidade azul-claro, havia também uma enorme janela por onde os pacientes podiam observar um lindo jardim do lado de fora. Percebi que não estava mais com os aparelhos da UTI. Minha respiração naquele momento era normal, não tossia mais e a febre já havia cessado. Ao meu lado estava um senhor, alto e moreno, que, trajado com roupas brancas, deduzi ser um enfermeiro.

— Onde estou? Onde está minha mãe? — antes que eu fizesse outra pergunta, ele começou a falar tranquilamente:

— Olá, Ricardo. Fique calmo, você está bem, mas ainda muito debilitado; talvez durma um pouco mais. Meu nome é José, estou aqui para ajudá-lo e também para lhe fazer companhia.

— Como se sente?

— Estou sentindo muita fraqueza e muito sono.

Ele pegou um copo, colocou um líquido azul e pediu que eu tomasse. Depois adormeci novamente.

Em seguida, Valéria entrou no quarto e perguntou:

— Então, José, ele acordou?

— Acordou, perguntou onde estava e adormeceu.

A moça ficou parada me observando por alguns minutos, depois começou a falar:

— Ele está tão diferente, a doença levou embora sua beleza física, mas em breve recuperará a aparência anterior à doença.

— Você está feliz, Valéria?

— Estou muito feliz em vê-lo bem. Graças a Deus ele conseguiu chegar até aqui com resignação e compreensão.

— É verdade. Em momento algum ele se revoltou contra Deus, que nada tem a ver com os nossos problemas; isso é muito importante — continuou José.

— Espero que a família consiga superar a falta dele. Com a ajuda de Deus, eles conseguirão suprir suas necessidades e encontrar o caminho de volta para a felicidade. Com o tempo a família recebe outros espíritos que chegam para alegrar o lar, trazendo felicidade, alegria e paz.

— É verdade, crianças sempre alegram uma casa. Sei que nenhuma pessoa substitui a outra, mas alivia a dor da saudade, da ausência. E não podemos esquecer que a vida nos traz também novas amizades.

Acariciando a minha cabeça, Valéria continuou conversando com José.

Nos dias que se passavam, embora eu estivesse dormindo, em certas ocasiões eu ouvia a minha mãe chorando, muito distante. O som vinha de longe, era como um sonho.

Depois de algum tempo, o choro cessava e eu caía novamente em sono profundo. Na verdade, as cenas que eu não conseguia ver eram vários espíritos malfeitores que tentavam de diversas maneiras se aproximar de minha mãe para tentar revoltá-la. Eles diziam:

— Você pediu tanto a Deus para que não levasse seu filho e ele não te atendeu. Quanta injustiça, Clarice! Você não merecia isso, foi uma mãe tão dedicada, uma boa esposa.

Ela começava a chorar e pedia a Deus que afastasse aqueles pensamentos negativos e logo aparecia Valéria, acompanhada de Otávio, e eles se afastavam. E Valéria envolvia minha mãe com o seu discurso harmonioso e amoroso:

— Não se revolte, Clarice, seja perseverante, lembre-se das palavras de Ricardo em sua despedida, pedindo para que não se revoltasse e aceitasse a sua partida. — Deus ama você e seu filho, que agora descansa em paz, sem nenhuma dor, sem febre, sem sofrimento.

Minha mãe se deixava envolver facilmente pela energia positiva de Valéria. Dona de um coração generoso, os maus espíritos só conseguiam atingi-la por causa de seu estado emocional. Mas logo ela se envolvia naquela vibração emanada de bons fluidos vindos de Otávio e Valéria, e o resultado era sempre satisfatório. Ela respirava e se acalmava.

Na segunda vez que despertei, acordei mais disposto. No quarto estavam dois rapazes deitados e um deles me chamou a atenção, ele dormia tranquilamente. Para minha surpresa, era Cláudio, aquele rapaz que conheci no hospital. José se aproximou e perguntou:

— Vejo que está mais bem disposto, Ricardo.

— Estou me sentindo bem, mas ainda tenho sono.

Ele fez um sinal positivo com a cabeça.

— É normal sentir sono nos primeiros dias. Todos quando chegam aqui dormem bastante até se recuperarem.

Prestei atenção em cada palavra que ele dizia. Quando ele terminou de falar, eu tive a mais absoluta certeza de que havia desencarnado. Lembrei-me dos livros espíritas, dos romances mediúnicos que havia lido. Sentei-me na cama e iniciei as minhas curiosas perguntas:

— José, é esse o seu nome?

— Sim, meu nome é José e estou tratando da sua recuperação e de vários outros recém-chegados.

— José, me responda, eu estou aqui porque tive a passagem? Eu morri?

— Exatamente, você teve a passagem aproximadamente há um mês. Dormiu durante todo esse tempo. Não existe uma regra a respeito do tempo de cada um. Alguns dormem por meses, outros semanas, outros dias.

Naquele momento me lembrei das palavras do doutor Norberto. Você não vai morrer, porque a vida é eterna, continuará vivendo em outro lugar. Então agradeci a Deus por estar vivo e sendo tão bem tratado. Não sentia os sintomas da Aids, somente o sono. Emocionado, agradeci a Deus:

83

— Obrigado, meu Deus, por continuar vivo!

José deu um sorriso amigável e disse:

— Você voltará a ser o Ricardo de antes. É uma questão de tempo. Parabéns pela sua fé, sua perseverança e resignação. De agora em diante começará a se alimentar. Vou buscar a sua refeição.

Estranhei quando ele disse refeição. José estava caminhando em direção à porta do quarto quando se virou e disse:

— Aqui também tem refeições. Tenho certeza de que você está com fome.

Tudo era novidade e o fato de ele ler os meus pensamentos me deixou espantado, pois eu não havia dito nenhuma palavra sobre a alimentação.

José se retirou e eu fiquei pensativo. Se o Cláudio está aqui, é porque também teve a passagem.

Minutos depois, entrou uma senhora, de aparentemente quarenta anos, também trajada de branco. Olhou-me com simpatia e, enquanto cobria Cláudio, conversava comigo.

— Vejo que já está bem melhor, Ricardo.

— Sim, estou melhor, apenas curioso e ansioso para conhecer este novo mundo.

Ela sorriu e respondeu:

— Você já conhece este mundo. Passou por aqui várias vezes. Apenas não se lembra, mas com o tempo lembrará. Acalme a sua ansiedade.

Cláudio acordou muito assustado, olhou para a senhora e disse em voz alta:

— Não me machuque, por favor!

Ela respondeu carinhosamente:

— Acalme-se, Cláudio, ninguém vai te machucar. Só queremos ajudá-lo. Fique tranquilo, querido. — Enquanto falava com ele, levava até sua boca um copo com um líquido azul. — Tome todo este líquido, vai lhe fazer bem.

Depois que tomou, ele agarrou-se a ela e, como uma criança amedrontada, acreditando estar no mesmo hospital onde fora maltratado, disse chorando:

— As enfermeiras me agridem com palavras e gestos, não deixe que façam isso comigo! Vejo que a senhora é boa. Fique ao meu lado, não saia daqui, por favor!

Segurando em sua mão frágil e acariciando os seus cabelos, a senhora disse calmamente:

— Não chore, Cláudio, aqui todos são bons, ninguém lhe fará mal algum. Feche os olhos, pense em Jesus. Ele caminha em direção a você, ele quer aliviar o seu sofrimento, lhe dar a mão.

Enquanto ela dizia palavras tão lindas acariciando o rosto magro e sofrido de Cláudio, ele adormeceu tranquilamente.

Ela então continuou conversando comigo:

— Agora ele dormiu. Foi muito maltratado antes de ter a sua passagem. Chegou aqui muito assustado. Toda vez que acorda, acredita estar no leito do hospital onde estava internado.

— Eu o conheci; estava internado no mesmo hospital, ao lado de sua cama.

— Com o tempo tudo se resolve, ele ficará bem nos próximos dias. Vou para outro quarto agora. Meu nome é Maria. Se precisar de alguma coisa, é só me chamar.

— Obrigado pela gentileza, Maria.

Fiquei observando o sono tranquilo de Cláudio e pensei: "O que as pessoas preconceituosas diriam daquela cena? Um homossexual sendo tratado com tanto carinho após sua morte. Essa é a prova de que Deus não tem preconceito com ninguém, ele ama todos".

Depois de alguns minutos, José entrou no quarto com a minha refeição trazida numa bandeja. Continha um prato com um caldo saboroso e pequena tigela com uma salada de frutas. Ajudou-me a levantar, sentei-me na cama para comer e perguntei:

— Por que sinto fome depois de morto?

José sorriu e me respondeu prontamente:

— Você vai demorar algum tempo para perder a fome e deixar de fazer as suas necessidades fisiológicas, devido ao seu perespírito ainda conter ligações com seu corpo carnal.

— Aqui é uma espécie de hospital?

— Sim. Você está num posto de socorro.

— E quando sairei daqui?

— Quando estiver recuperado, será levado para uma Colônia espiritual.

— Todos os que passam por um posto de socorro são levados para uma Colônia?

— Não. Infelizmente alguns se revoltam ao descobrir que tiveram a passagem e não aceitam morar numa Colônia; preferem voltar a suas antigas casas. Essa decisão lhes causa muito transtorno. O ideal é receberem o tratamento nos postos de socorro e depois seguirem para uma Colônia, onde poderão estudar, trabalhar e ser felizes com uma vida tranquila.

Fiquei surpreso e fiz mais uma pergunta:

— Quer dizer que posso optar por sair daqui e recusar o auxílio que estou recebendo?

— Claro que sim. O seu espírito continua livre para decidir a sua vida e o seu caminho. Você conhece a lei do livre-arbítrio? — perguntou-me José.

— Sim, eu soube da lei do livre-arbítrio pelos livros espíritas que tive a oportunidade de ler quando estava encarnado.

— Muito bem, aqui essa lei também é respeitada. Somos livres para decidir o nosso caminho.

— Pensei que depois da minha passagem voltaria a ter a aparência anterior à da minha doença.

— Por enquanto você está debilitado, devido ao seu desencarne. Com o tempo, voltará a ser o Ricardo bonitão de antes — ele disse brincando.

— Todos os espíritos recebem esse tratamento, ou seja, são levados a um posto de socorro?

— Não. Alguns preferem continuar no plano terrestre, mas sofrem sérias consequências. Muitos se recusam a vir e ficam até mesmo junto ao corpo carnal, assistindo à sua própria decomposição. Esses são aqueles que não aceitam de forma alguma o desligamento do espírito do corpo. Graças a Deus, não foi o seu caso, pois tinha inteira consciência de sua passagem e estava bem preparado.

Pensei em perguntar sobre o Cláudio, mas, temendo ser mal interpretado, resolvi me calar, pois nunca tive nenhum tipo de preconceito durante toda a minha vida. Então José se manifestou:

— Você quer saber por que Cláudio está recebendo tratamento igual ao dos demais?

— Esqueci que você consegue ler os meus pensamentos — disse um tanto envergonhado.

— Cláudio não é diferente aos olhos de Deus. Vou falar um pouco sobre a vida dele para que possa entender melhor e assim tirar as suas dúvidas. Cláudio foi homossexual e rejeitado por sua família durante um longo período de sua vida, porém não se revoltou contra os seus familiares e resolveu seguir a sua vida sozinho. Dedicou-se à caridade e ao seu trabalho. Nunca pensou em prejudicar o próximo. Era amigo nas horas difíceis e solidário com as crianças carentes. Cometeu erros como todos nós, pois não somos perfeitos, estamos apenas buscando a perfeição.

Sofreu muito preconceito quando descobriu que era portador do vírus HIV. Procurou sua família para que o apoiasse, pensou que eles ficariam sensibilizados com sua doença, mas infelizmente deparou com um preconceito muito maior. Fecharam-lhe as portas, o expulsaram e o abandonaram novamente. Os amigos também lhe faltaram. Por ignorância, ficaram temerosos, acharam que poderiam contrair o vírus se ficassem ao seu lado e também o abandonaram. No hospital onde fora internado, deparou novamente com o preconceito de algumas enfermeiras, que o maltratavam diariamente por causa de sua homossexualidade. Mesmo sofrendo com tamanha solidão e desprezado por todos, nem um dia sequer deixou de pedir a misericórdia divina, para que Jesus o amparasse depois de sua passagem. Jesus foi o único que lhe restou. No leito de sua morte não havia ninguém, somente os amigos espirituais, que foram buscar o seu espírito para que pudesse descansar em paz e assim reencontrar-se com sentimentos tão sublimes como o amor, a paz, a gratidão e o respeito que há tempos ele não encontrava em parte alguma. Infelizmente as pessoas julgam as outras mas desconhecem os corações. No entanto, Deus tudo vê e ouve as preces de todos nós. A misericórdia dele é infinita.

Enquanto José relatava a triste história de Cláudio, lembrei-me dos meus familiares, que, ao contrário da família ' Cláudio, me apoiaram em todos os momentos, desde quar relatei a eles que estava contaminado com o vírus. No entanto, conhecia o preconceito de pessoas mal informadas sobre a doença, que também me evitaram, achando que até um aperto de mão poderia ser contagioso.

A falta de informação é lamentável, mas felizmente hoje a contaminação da Aids é muito mais discutida e explanada por meios de comunicação, nas escolas, em projetos sociais, enfim, a maioria das pessoas sabe que o vírus não é transmitido por aperto de mão, respiração ou toque. A conscientização do contágio na sua inteira veracidade é muito importante.

Achei muito interessante a explicação de José a respeito da vida de Cláudio. Entendi que, para Deus, basta que voltemos a ele com fé e amor no coração, e ele prontamente nos acolhe, independentemente de nossas atitudes e opções de vida. Compreendi também que o preconceito não pertence a Deus, pois o seu amor transcende qualquer sentimento que nos pertence.

Terminei a refeição, tomei um pouco de água e voltei a dormir. Acordei depois de algumas horas; todos estavam adormecidos. Senti vontade de levantar, mas não consegui, ainda estava muito fraco. Então fiquei esperando que alguém entrasse no quarto. Queria saber notícias da minha família. Durante o sono ouvia a minha mãe me chamando incessantemente.

De repente, alguém abriu a porta do quarto, era Valé-.i. Ela caminhou até a minha cama. Percebi que me olhava com muita emoção, mas não queria que eu percebesse. Fiquei pasmo quando a vi. Lembrei-me imediatamente do meu sonho. Sim, ela era a moça dos meus sonhos e estava diante dos meus olhos.

— Está melhor, Ricardo?

— Sim, estou. Qual o seu nome?

— Meu nome é Valéria.

— Tenho certeza de que já sonhei com você, Valéria!

— É possível, estive ao seu lado por diversas vezes durante a sua última encarnação.

Enquanto ela falava comigo, ajeitava o lençol, o travesseiro, fazia de tudo para desviar o olhar. Eu não sabia o que dizer. Estava ali uma linda jovem que me amparava no leito e ao mesmo tempo um espírito que eu não conhecia; no entanto, eu sentia uma emoção incontrolável. Tive medo de estar cometendo um pecado. A vontade que eu sentia era de abraçá-la, beijá-la. Respirei fundo e perguntei:

— Você também consegue ler os meus pensamentos?

Ela sorriu e ficou ainda mais linda.

— Sim. Com o tempo você também conseguirá ler os meus.

Ficamos nos olhando. Eu, muito envergonhado, pensei: "Meu Deus, até aqui estou me deixando levar pelos encantos da beleza feminina. Olhei para meu corpo franzino e deparei com aquela jovem linda e me senti envergonhado".

— Ricardo, não se preocupe com sua aparência. Você está bem. Isso é muito importante. Não sente mais dores nem febres, está se recuperando. Eu não o vejo com olhos carnais, e sim com olhos espirituais. Não me importo com a sua aparência. O mais importante é poder estar diante de você e saber que pode me ouvir e me ver.

— Valéria, o que estou sentindo neste momento eu nunca senti por ninguém — disse pegando na sua mão.

Desviando o olhar, ela mudou de assunto.

— A sua mãe ainda sofre muito por causa de sua passagem. Você a ouviu chorar?

Respondi que sim, então ela continuou:

— Quando isso acontecer, faça uma prece por ela, para que nós possamos envolvê-la com nossas energias positivas, que a fortalecerão nesses momentos de tristeza e saudade.

— Você ajuda a acalmar a minha mãe?

— Sim, eu já estive com ela várias vezes, para acalmá-la e emanar energias e fluidos positivos, para que fique em paz.

Valéria fixou por um instante os olhos na janela, que nos dava uma linda vista para o jardim, como se estivesse se lembrando de algo, e disse um pouco emocionada:

— Se você soubesse como a sua mãe é importante pra mim.

Fiquei surpreso com aquela revelação. Percebi que Valéria trazia consigo um sentimento enorme em relação à minha mãe. Ela baixou os olhos e eu continuei a conversa:

— É verdade, sempre sonho com a minha mãe chorando.

— Isso não é um bom sinal. Ela pode atrapalhar a sua evolução por aqui, deixando-o deprimido.

José entrou na sala e, animado, disse:

— Vejo que está em ótima companhia. Como se sente?

— Estou bem melhor.

— Vou buscar a sua refeição, Ricardo. Já volto.

Valéria saiu e fiquei conversando com José.

— Engraçado, tenho certeza de que conheço Valéria, mas não consigo me lembrar de onde.

— Com o tempo se lembrará. Não se preocupe.

José esperou que Valéria voltasse e se retirou. Enquanto ela me servia o jantar, eu não sabia se me alimentava ou se olhava para aquele rosto lindo.

Eu estava terminando a minha refeição quando Cláudio acordou. Valéria aproximou-se da cama dele e ele perguntou:

— Enfermeira, o que vocês colocam nessa água que nos dá tanto sono? Mal consigo falar.

— Bom, vou me apresentar. Meu nome é Valéria, estou aqui para ajudá-lo no que for possível. Quanto à água, é somente um sedativo com um fluido para que possam descansar e assim se recuperar.

— Como você está? Sente-se mais calmo?

— Sim, estou calmo. Percebo que até agora não me maltrataram.

— Não se preocupe, aqui ninguém irá maltratá-lo. Neste lugar só existe amor, carinho, compreensão.

Enquanto ela falava com ele e ajeitava seu travesseiro, Cláudio começou a chorar e Valéria o abraçou dizendo:

— Não chore, Cláudio. Você vai melhorar.

— Estou chorando e agradecendo a Deus por estar num hospital com enfermeiras que mais parecem anjos de tanta bondade.

— Preste atenção, Cláudio, você não está num hospital, e sim num posto de socorro. Você desencarnou e foi trazido até aqui pelos nossos irmãos socorristas.

Cláudio se mostrou totalmente conformado com a sua passagem.

— Que ótima notícia. Estou muito feliz. Há tempos esperava por este momento. Eu sabia que Deus não iria me desamparar.

— Deus não desampara ninguém, ele acolhe todos que pedem seu auxílio com sinceridade. Você merece estar aqui, Cláudio.

Valéria falava com Cláudio e eu me encantava com sua bondade, sua beleza, sua atenção. São tantas as qualidades de Valéria que é impossível citar todas.

— Vou buscar o seu jantar, fique na companhia de Ricardo, que está acordado.

— Ricardo! Não percebi a sua presença aqui no quarto. Cheguei muito descontrolado. Deram-me muitos sedativos, quase não fiquei acordado.

— Eu também dormi muito quando cheguei. Agora me sinto mais bem disposto.

Ficamos conversando por alguns minutos e logo voltou Valéria e lhe serviu o jantar. Cláudio a olhava com verdadeira gratidão por estar sendo tão bem tratado e recebendo todo o carinho que não recebeu durante a sua vida carnal.

Eu adormeci novamente com a imagem da minha querida Valéria. Fiquei admirando-a até fechar os olhos.

Mais tarde Cláudio também voltou a dormir e José entrou no quarto.

— Então, Valéria, como foi o encontro de vocês?

— Foi muito emocionante. Tive que me controlar para não dizer toda a verdade. Ele também me pareceu muito emocionado.

— Enquanto você foi buscar o jantar, ele me disse que a conhecia, mas não conseguiu lembrar-se do passado.

— Sabe, José, por diversas vezes fiquei ao lado de Ricardo, durante o seu sono, sem que ele notasse a minha presença. Sofria sem poder me comunicar. Agora que ele está aqui, me sinto retraída, não sei explicar — sorriu Valéria.

— Você o ama, Valéria! Esperou tanto por este momento e agora não sabe o que fazer? Esses sintomas são chamados de amor.

— Eu o amo, mas não da maneira que está pensando.

Valéria sorriu e me deu um beijo na testa.

— E quanto ao Cláudio? Como ele reagiu quando soube de sua passagem?

— Reagiu muito bem. Ficou feliz e é muito grato pelo tratamento que está recebendo. Sinto que Cláudio também estava preparado para o desencarne.

José ficou satisfeito com a atitude de Cláudio. Os dois por fim se retiraram do quarto, nos deixando em sono profundo.

A Colônia da Paz

7

O outro rapaz que estava em nosso quarto demorou mais tempo para acordar. O nome dele era Gilberto, foi vítima de um acidente automobilístico. Quando soube que estava no plano espiritual, decididamente ele recusou o tratamento e quis voltar para a Terra. Não aceitou o fato de ter desencarnado com apenas vinte e dois anos. Ficou revoltado e pediu para ir embora, queria ficar junto de seus familiares. Valéria e José orientaram Gilberto para que permanecesse no posto de socorro, onde ficaria bem melhor, e posteriormente, seguisse para uma Colônia, mas Gilberto não aceitou. Enfim, como ele tinha a livre escolha de decidir o rumo de sua vida, nos deixou e seguiu o seu caminho.

A decisão que Gilberto tomou não foi adequada; permanecer ao lado dos familiares após o desencarne só causa transtorno para ambas as partes.

Em minha existência aprendi que tudo na vida passa e nenhum sofrimento é eterno, com o tempo tudo se transforma. A separação entre encarnados e desencarnados que, a princípio, é muito dolorosa se transforma em saudade e lembranças que nos acompanham ao longo de nossas vidas.

Valéria me visitava quase todos os dias e, quando ela não comparecia, eu ficava ansioso para vê-la.

Aquela manhã estava maravilhosa, e eu já tinha permissão para fazer passeios pelo jardim. Estava esperando um dos auxiliares para poder sair do quarto.

José entrou e me cumprimentou sorrindo:

— Bom dia, meu amigo! Vejo que está disposto a dar um passeio pelo jardim.

Em seguida entrou Valéria.

— Olá, Ricardo! Temos uma ótima notícia para você.

— Digam logo, senão vão me matar de curiosidade. Ah! Esqueci que já estou morto!

Eles riram da brincadeira e José me contou:

— Você já está ótimo. Ganhou peso e vai ter alta. Irá morar na Colônia da Paz. Vamos levá-lo até lá.

Fiquei feliz e ao mesmo tempo triste, pensei que não veria mais minha querida Valéria.

— Não fique triste, a Valéria também mora na Colônia da Paz. Não ficará sozinho.

— Então quer dizer que poderei vê-la quando quiser? — Falei entusiasmado e Valéria me respondeu delicadamente:

— Não, exatamente. Eu moro na Colônia da Paz e trabalho o dia todo aqui no posto de socorro. Você terá outras atividades na Colônia. O momento agora é de estudo e reflexão para você.

— Mesmo sabendo que não a verei durante o dia, estou muito feliz. Eu também gostaria de colaborar aqui no posto de socorro, se for possível.

Valéria ficou entusiasmada com a minha vontade de colaborar e retribuir o tratamento obtido naquele posto de socorro.

— Que ótima notícia, Ricardo! Que bom que se interessa pelo trabalho. Muitos chegam às diversas Colônias que existem no plano espiritual e querem se dedicar somente às maravilhas e as belezas dos lugares. Como se estivessem passando férias em um lugar paradisíaco. Não têm nenhum interesse pelo estudo e pelo trabalho. Portanto, agora você tem de pensar em estudar e aprender como se trabalha com os recém-chegados, depois contaremos com a sua ajuda. Por enquanto, só posso agradecer a sua boa vontade.

Fiquei imaginando como seria aquela Colônia. Será que se parece com o paraíso mostrado nos filmes?

Minutos depois eu estava pronto para partir. Despedi-me de Cláudio e ele me desejou felicidades na nova morada. Antes de sair do quarto, fiz um pedido:

— Gostaria de agradecer a Jesus pela minha recuperação na presença de vocês, que foram meus companheiros até o presente momento, a amizade de Cláudio que jamais esquecerei, e a nossos auxiliares, Valéria e José, pela dedicação com que recebem a todos. "Senhor Jesus, agradeço por não ter soltado a minha mão. Segurou firme até aqui. Só tenho a agradecer a hospitalidade dos amigos, que também me acolheram com amor e carinho. E principalmente ao Senhor, que é rico em misericórdia e bondade, que não nos abandona em nenhum momento de nossas vidas. Obrigado, Jesus!"

Todos me abraçaram e eu perguntei se Cláudio também nos acompanharia. Valéria respondeu-me que ele também teria alta naquela semana, mas infelizmente seguiria para outra Colônia.

Fiquei triste, pois havia feito uma grande amizade com Cláudio enquanto estivemos juntos no posto de socorro.

Despedimo-nos e partimos rumo à Colônia da Paz.

Quando chegamos à Colônia, me deparei com um lugar maravilhoso. Havia várias casas de diversas cores, e sem portões. Todas elas possuíam um jardim com diversas flores e plantas. A temperatura era agradável, havia também vários edifícios de dois andares. Curioso, perguntei:

— Por que há casas e edifícios?

— Esses edifícios não são residências, e sim escolas, onde há vários cursos. Todos os que vivem aqui, antes de se dedicarem a um trabalho, passam pelo estudo — respondeu-me Valéria.

— E quais são esses estudos?

— Estudos sobre o amor, perdão, compreensão, entre outros, depois vêm os de auxiliares, instrutores...

José completou:

— Como pode ver, a vida continua por aqui, você continuará a viver, a estudar, a trabalhar e a sonhar.

Chegamos à frente de uma casa amarela. Então José me disse:

— Temos outra novidade. As pessoas que vão morar com você nessa casa já conviveram durante um bom tempo com você e são muito queridas pela sua família.

Logo me veio à mente a vovó Luiza.

Abriram a porta e, para minha surpresa, eram vovó Luiza e minha querida tia Cecília, irmã de minha mãe, que teve sua passagem aos trinta e três anos, vítima de um câncer no colo do útero. Minha avó viveu até os setenta e dois anos, e desencarnou vítima de problemas cardíacos.

O nosso encontro foi a maior felicidade, nos abraçamos, choramos e nos lembramos de minha mãe.

— Seja bem-vindo, meu neto querido! Estávamos ansiosas por sua chegada. Estamos muito felizes!

— Vovó Luiza, que saudade! Tia Cecília, como a senhora está bem, bonita!

Entramos na casa, e Valéria e José se despediram:

— Nós temos que voltar ao trabalho. Tenho certeza que ficará bem na companhia de sua avó e sua tia. Prometo visitá-lo.

— Valéria, por favor, fique mais um pouco!

— Eu sinto muito, mas não podemos. Com o passar do tempo, vai perceber que por aqui existem várias regras, que temos a obrigação de respeitar.

— Exatamente, espero que um dia possamos trabalhar juntos. Até mais! — despediu-se, José.

— Obrigado por tudo, José, meu grande amigo!

Percebi uma lágrima nos olhos de Valéria quando se despediu de mim. Também senti vontade de chorar, mas me segurei. Naquele momento, tive certeza que ela me amava.

Voltei a conversar com minha avó e minha tia:

— Vovó, eu estou apaixonado. Nunca imaginei que depois de morto me apaixonaria! — brinquei.

— Ricardo, como sempre divertido. Desde criança você costumava fazer toda a família rir com suas brincadeiras. Nós não estamos mortos, nunca estivemos. Mas, me diga, quer dizer que está apaixonado?

— Sim, vovó. Mas tenho medo de me declarar, penso que não é certo ter por alguém um sentimento que não seja de amizade, já que estamos num outro plano de vida. Sinto-me envergonhado com meus próprios pensamentos em relação à Valéria.

— Ricardo, não sinta vergonha do sentimento mais lindo e mais sublime que existe: o amor.

— Não tenho coragem de me declarar. Sinto que a Valéria tem por mim uma grande amizade. Não pretendo estragar tudo. Já pensou se ela resolve evitar a minha companhia? Com certeza eu morreria de novo!

Elas sorriram e me abraçaram.

— Você continua o mesmo, Ricardo! — disse minha tia.

Abri a janela da sala e me encantei com a paisagem.

— Como é belo este lugar! Estou maravilhado. Quer dizer que todos têm afazeres aqui na Colônia?

— Sim, alguns trabalham, outros estudam — respondeu tia Cecília.

— E vocês? Não fazem nada?

— Claro que sim, Ricardo! Trabalhamos com as crianças. Hoje fomos dispensadas do trabalho para recebê-lo. Entendeu agora por que estamos sentadas batendo um papo? — respondeu a tia Cecília.

A casa era simples, mas tinha uma decoração de muito bom gosto, muito arejada e limpa. Os lustres tinham um formato de rosas, havia também vários arranjos de flores que enfeitavam a casa. Nas paredes, algumas pinturas de paisagens. Fiquei encantado com os quadros.

Naquela sala, nos relembramos dos momentos inesquecíveis vividos junto com a nossa família.

A tia Cecília frequentava a minha casa junto com o esposo e os dois filhos, meus primos Gabriel e Gisela, que tinham entre dez e doze anos quando ela desencarnou. Eu também era garoto. Foi muito difícil para todos a falta que tia Cecília fez. Meu tio Roberto se casou novamente dois anos depois de sua morte. Aceitamos a nova esposa, que era muito simpática e boa madrasta para os meus primos. Mas jamais nos esquecemos da amorosa e inesquecível tia Cecília.

Quando vovó Luiza desencarnou, eu já era um rapaz de dezessete anos. Convivi mais tempo com ela. Amorosa com os netos, ela fazia todos os nossos gostos. Eu adorava passar na casa dela para comer bolinho de chuva, que minha mãe tentava, mas nunca conseguia preparar de forma tão deliciosa quanto a vovó Luiza.

Eu estava feliz na companhia delas, no entanto, sentia muita saudade de minha família, mas teria que me acostumar a viver sem eles. Fiquei calado por alguns minutos. Vovó percebendo a minha tristeza tentou me animar:

— Não fique triste, Ricardo. Sei que as recordações são muitas, mas temos que continuar vivendo sem a presença dos nossos familiares. Tenha certeza de que sempre estaremos unidos pelos laços do amor. Estamos ligados espiritualmente e Deus, que é rico em misericórdia, sempre nos reúne. Alguma vez passou pelos seus pensamentos que um dia moraria comigo e Cecília?

— Não. Foi uma surpresa maravilhosa. Ter a companhia de vocês é um presente!

— Veja como Deus é perfeito. Ele permitiu que viesse para junto de nós, porque entendeu a sua saudade familiar. Só temos a agradecer.

Tive uma curiosidade a respeito de Jesus. Então resolvi perguntar para vovó Luiza:

— Vovó, onde está Jesus? A minha mãe sempre me dizia que quando morrêssemos veríamos Jesus. Ela estava equivocada?

— Veja bem, meu querido, não é necessário ter a passagem para o plano espiritual para estar com Jesus, ele nos acompanha em qualquer lugar e em qualquer circunstância, tanto na vida terrestre como na vida espiritual.

— É verdade, vovó, quando penso em Jesus consigo sentir uma grande paz, mas eu gostaria de vê-lo nem que fosse por um minuto.

— Ricardo, Jesus é um ser muito iluminado. Desprovido de qualquer desacerto que um ser pode cometer. Nós somos imperfeitos, estamos buscando a nossa elevação espiritual, por isso estamos aqui. Podemos estar com Jesus em pensamento, pois ele nos atende a qualquer momento.

— A senhora quer dizer que o lugar em que ele vive não é igual a este?

— Exatamente. O que temos aqui? Estudos e aprendizados. Jesus não precisa aprender. Em cada passagem do evangelho, ele nos ensina algo diferente. É dotado de inteligência e de inúmeras qualidades que conhecemos. Por ser evoluído, não precisa viver numa Colônia espiritual. Ele é o caminho, a verdade e a vida.

Fiquei um pouco decepcionado, pois gostaria muito de me encontrar com aquele que esteve ao meu lado durante todo o tempo. Então vovó me disse:

— Vou tentar ajudá-lo e provar que ele está dentro de cada um de nós. Deite-se, relaxe e feche os olhos.

Fiz o que ela mandou.

— Agora esqueça tudo que lhe perturba a mente, deite-se aqui mesmo no sofá. Deixe os seus pensamentos livres, concentre-se somente na melodia da música.

Em toda a Colônia, onde quer estivéssemos, ouvíamos uma música suave que encantava aquele lugar. Ela falava delicadamente, então comecei a imaginar tudo o que ela dizia.

— Remova de sua mente todos os seus pensamentos e concentre-se somente nas minhas palavras. Você vai ver Jesus. Idealize que está caminhando num lindo jardim nesse momento. Está procurando por ele entre as flores. Agora você já consegue avistá-lo. Ele vem ao seu encontro, trajado com seu manto branco, muito alvo. Agora Jesus se aproxima e pega em sua mão.

Eu consegui me concentrar de uma maneira fantástica nas palavras de minha avó. Era como se eu estivesse realmente naquele lugar. A sensação foi inexplicável, jamais vivida.

— Agora você está se despedindo do nosso amado Mestre, ele caminha em direção ao horizonte.

Abri meus olhos e me deparei com minha avó.

— E agora? Está satisfeito? Encontrou-se com Jesus?

— Sim, e foi a experiência mais incrível de toda a minha vida. Foi como se tivesse me transportado até aquele lugar.

— Eu não disse que Jesus está dentro de nosso coração? Qualquer um pode chegar até ele através do pensamento e da meditação.

Senti-me mais aliviado e tranquilo.

Em seguida, minha avó me encaminhou até uma mesa onde ela havia preparado um chá da tarde e algumas guloseimas para me servir. Ali continuamos a nossa conversa degustando saborosas receitas de minha avó.

8

O aprendizado

No dia seguinte acordei disposto a conhecer aquele lugar maravilhoso.

Minha tia e minha avó se preparavam para o trabalho, quando alguém bateu na porta. Abri a porta e um jovem muito simpático me cumprimentou:

— Bom dia, Ricardo! Meu nome é Otávio, sou auxiliar da Colônia da Paz, trabalho com recém-chegados. Fui encarregado de acompanhá-lo durante o seu aprendizado. Posso entrar?

— Sim, claro. Entre, por favor!

Percebi que Otávio já sabia o meu nome.

Tia Cecília e vovó cumprimentaram Otávio e depois se despediram.

— Então está ansioso para conhecer a Colônia da Paz?

— Estou muito ansioso e curioso.

— Mas, antes de lhe apresentar o lugar, gostaria de dizer que o acompanharei durante um bom tempo. Fique à vontade para tirar todas as suas dúvidas. Prometo que tentarei ajudá-lo no que for possível nessa nova etapa de sua vida.

— Tudo bem, então começarei com uma pergunta básica: Você também consegue ler os meus pensamentos?

Ele sorriu e respondeu:

— Vejo que você é muito bem-humorado. Mas vou lhe responder sua pergunta: Eu consigo ler os seus pensamentos e você, com o tempo, também conseguirá ler os dos demais.

— Então qual será o primeiro passo? — perguntei ansioso.

— O primeiro estágio do aprendizado é conhecer a Colônia da Paz e saber como se vive por aqui. Não é muito diferente da vida terrena, o que difere é a tranquilidade, a harmonia e a paz que reinam neste lugar. Aqui, todos vivem sem pressa, sem preconceito, sem orgulho. Isso acontece porque todos procuram respeitar o próximo como a si mesmo, sempre lembrando que todos tiveram a mesma oportunidade de aprendizagem. Hoje estou lhe instruindo, mas não posso esquecer que já fui instruído por alguém quando cheguei. A inteligência suprema só pertence a Deus, portanto devemos sempre caminhar com humildade e respeitar todos aqueles que querem aprender o verdadeiro sentido da vida.

— E qual é o verdadeiro sentido da vida?

— Essa é uma resposta extensa, mas vou tentar simplificá-la: o verdadeiro sentido da vida é o amor. Se não tivermos amor, a evolução espiritual se torna impossível. Mas você entenderá melhor essa resposta frequentando as aulas teóricas, que será o primeiro passo.

Deixamos a casa e seguimos caminhando e conversando. Chegamos à escola onde eu teria a minha primeira aula. Entramos e fomos recebidos por uma senhora que gentilmente nos encaminhou até a sala de aula. Havia várias cadeiras estofadas e confortáveis e mais ou menos vinte recém-chegados.

— Vou deixá-lo aqui e na hora do almoço voltarei para acompanhá-lo — disse Otávio.

— Está bem, muito obrigado!

Otávio saiu e em seguida entrou uma senhora que possuía uma aparência de uns cinquenta anos, e com muita simpatia ela se apresentou:

— Bom dia! Meu nome é Adelaide. Sou instrutora, dou aulas aos recém-chegados. Bem-vindos à nossa Colônia! Gostaria de dizer que existem várias Colônias espirituais. Quem dirige esta é Júlia, que em breve terão o prazer de conhecer. Ela é responsável pela organização e harmonia que há neste lugar. Lembrando a todos que ninguém está proibido de sair da Colônia da Paz, todos nós temos o livre-arbítrio para tomar decisões sobre nossas vidas. Mas, se quiserem permanecer aqui, posso afirmar que vão encontrar segurança, aprendizado e trabalhos que são realizados com harmonia e felicidade. Digo isso, porque existem muitos perigos fora de uma Colônia. Para que tenham uma ideia, existem até prisões no plano espiritual, onde espíritos ficam presos na busca pela liberdade. Alguns espíritos se sentem presos nas Colônias e querem voltar à Terra, e então se deparam com diversos perigos. Existem regulamentos que têm que ser respeitados por aqui. Sei que a saudade dos familiares e amigos é imensa, principalmente no início, mas não poderão visitá-los.

Por enquanto terão que aguardar permissão para que possam vê-los novamente. Gostaria de convidar todos a fazerem uma prece ao nosso amado Jesus e agradecer pela oportunidade que todos receberam. Fechem os olhos e falem com o pensamento, e Jesus com certeza os ouvirá.

Terminada a prece fizemos a oração do Pai-Nosso.

— Muito bem, vamos começar: pelo que vocês podem perceber, aqui não há anjos e nem arcanjos como aprenderam na infância. E devem estar se perguntando, onde estão eles? Obviamente não mentiram para vocês, realmente eles existem. Mas não vivem nas Colônias espirituais, estão em outra dimensão. Comecei com esse assunto para descontrair, pois percebo que estão muito tensos. Relaxem, fiquem à vontade!

Adelaide falava com muita simpatia e, de forma objetiva, fazia com que todos entendessem e não se cansassem da palestra.

— Quando nascemos, enfrentamos várias etapas na vida terrena. A adaptação não é fácil, as dificuldades que os bebês encontram são muitas; sentem cólicas, frio, desconfortos. Mas com o passar do tempo a adaptação acontece naturalmente. O mundo fora do útero materno se torna um grande mistério a ser desvendado. Porém, com a ajuda de seus pais, conseguem aprender a falar, a andar, enfim, uma série de novidades que vocês já conhecem. Quando passamos pela morte do corpo carnal, a adaptação é diferente. Aqui vocês têm de aprender a viver sem aqueles que os estiveram acompanhando ao longo de suas vidas. Eu sei que não é fácil, mas é preciso. Por esse motivo nós estamos aqui, para que possam entender melhor essa nova etapa da vida. Agora vou falar um pouco sobre o amor. O amor é um sentimento que transcende a tudo. Observem: Vocês deixaram de conviver com seus familiares, mas não deixaram de amá-los. A distância não destrói o amor. Quando a saudade se fizer presente, concentrem-se nos seus familiares, transmitindo paz e amor. Tenho certeza que eles sentirão suas energias. Gostaria que todos tentassem se concentrar nas aulas, na nova vida. Porque, se entrarem em sintonia com os familiares, não conseguirão seguir adiante. Muitos até deixam as Colônias espirituais para viver presos às antigas casas. E isso é lastimável, tanto para os encarnados, como para os desencarnados. Porque não conseguem evoluir e ainda atrapalham a vida de seus familiares e amigos. Quando sentirem saudades, façam uma prece, peçam a Jesus para que os amparem. A prece é muito importante, pois quando elevamos os nossos pensamentos a Deus e a tudo que lhe pertence, conseguimos obter resultados maravilhosos.

A voz suave de Adelaide me tranquilizava e me deixava cada vez mais interessado na palestra.

Depois Adelaide pediu para que todos se apresentassem. Dessa maneira pudemos nos conhecer naquele início de aprendizado, quando todos tinham sede de informações sobre aquele mundo ainda desconhecido.

Concluídas as apresentações, ela disse:

— Antes de encerrarmos a nossa aula, gostaria de saber se alguém gostaria de fazer alguma pergunta. Sei que vocês têm muitas dúvidas, porém eu só poderei responder a respeito do que falamos hoje.

Almir levantou a mão e perguntou:

— A senhora falou a respeito de preces, gostaria de saber se aqui existe alguma religião que devemos seguir.

— Não, Almir. Aqui não há religiões. Todos devem estudar e aprender os ensinamentos deixados pelo Mestre Jesus. Não há determinação alguma a respeito da fé. O que compartilhamos aqui são o amor e a misericórdia divina que vêm de Deus e os ensinamentos preciosos do nosso divino Mestre.

— Mais alguma pergunta?

Como todos se mantiveram calados, ela encerrou a aula.

Na saída me encontrei com Otávio, que me acompanhou até o refeitório onde serviriam o almoço.

Durante o almoço, percebi que Otávio apenas ingeriu um copo de água. Pensei em perguntar se ele não estava com fome, mas preferi fazer a minha refeição em silêncio.

Após o almoço, comentei com Otávio:

— As pessoas acreditam que depois da morte nós não sentimos fome. Eu mesmo nunca imaginei que faria uma refeição após a minha passagem.

Otávio sorriu e me explicou que não era assim com todos, alguns que ali moravam não sentiam necessidade de se alimentar como os recém-chegados.

Pensei que voltaria para a sala de aula, mas ainda tínhamos um tempo antes do retorno. Então resolvemos nos sentar na praça que havia em frente à escola. Ficamos observando a beleza do lugar. O céu estava azul, uma brisa leve batia em meu rosto, a temperatura era estável, agradável, diferente do clima da Terra. Ficamos contemplando aquele momento de paz e tranquilidade.

De repente, invadiu-me uma enorme tristeza, e comecei a chorar copiosamente. Otávio tentou me acalmar e explicar o que estava acontecendo comigo.

— Acalme-se. Tente se controlar. Feche os olhos, pense em Jesus, concentre-se na figura de sua mãe. Ela está muito nervosa e triste neste momento. Alguns espíritos estão tentando convencê-la de que você partiu e não voltará nunca mais.

Comecei a orar, pedindo que Jesus a ajudasse naquele momento, que a confortasse com seu amor. Enfim me acalmei. Otávio ainda estava com os olhos fechados em prece constante. Fiquei em silêncio, depois ele disse:

— Agora está tudo bem. Ela já está mais calma. Isso é natural acontecer. É muito difícil aceitar a separação de um filho. Devemos entendê-la e procurar ajudá-la.

— Mas o que aconteceu? Minha mãe está passando mal? — perguntei preocupado.

— Não, ela está bem.

Ele continuou:

— Hoje faz três meses que você teve a passagem. Sua mãe entrou em seu quarto e abriu seu armário, assim ela poderia relembrá-lo por meio de suas roupas. Os espíritos obsessores aproveitam essas datas, esses momentos de fragilidade, para tentar revoltar as pessoas ligadas aos desencarnados. Eles se aproximaram de sua mãe dizendo que ela não o veria mais, que você morreu. Essas frases feitas são utilizadas por esses espíritos para desanimar as pessoas encarnadas que sofrem após o desencarne. Ela se deixou levar por eles num momento de fraqueza e entrou em desespero. Como estamos ligados às pessoas que amamos, você sentiu a tristeza de sua mãe. Isso é comum acontecer. Devido a nossas preces, sua irmã entrou no quarto, presenciou o que estava acontecendo e acalmou a sua mãe dizendo que você estava bem.

Fiquei triste ao saber que minha mãe estava sofrendo, mas ao mesmo tempo fiquei feliz quando soube que minha irmã a estava apoiando naquele momento. Como diz o ditado: "Deus não desampara ninguém".

Ficamos conversando mais algum tempo, depois voltei para a aula, que seguia com assuntos muito interessantes e surpreendentes para todos nós, recém-chegados à Colônia.

Naquela mesma semana tive a oportunidade de conhecer Júlia, a nossa diretora, uma senhora de cabelos loiros e olhos azuis, possuidora de muita elegância e simpatia.

Apresentou-se à sala de aula e se mostrou muito interessada em nosso bem-estar:

— Bom dia a todos! Meu nome é Júlia, sou diretora desta Colônia. Estou aqui para ajudá-los no que for possível. Sei que as questões e as dúvidas são muitas. No início, vocês querem saber sobre o presente, o passado e o futuro, que só a Deus pertencem — ela sorriu, tentando nos descontrair. Bem, sobre o presente já estão conhecendo e tirando as suas dúvidas. Agora, a respeito de vidas passadas, vou tentar explicar como funciona. Alguns que chegam aqui, em pouco tempo conseguem se lembrar do passado, no entanto outros demoram um pouco mais. Alguns se lembram por meio do próprio pensamento, com outros precisamos usar alguns recursos. Temos salas apropriadas onde há aparelhos de imagens que possibilitam rever as suas vidas passadas. Mas tudo a seu tempo.

Passamos horas muito agradáveis com a presença de Júlia. Naquele mesmo dia ela nos levou para conhecer alguns setores da Colônia que ainda não havíamos tido a oportunidade de visitar. Fomos até o teatro, depois seguimos para a sala de imagens que ela havia citado e, por fim, conhecemos a diretoria.

Tudo era novidade para mim. Eu estava ansioso para conhecer aquele lugar e fiquei muito satisfeito com a hospitalidade de todos. Não queria sair dali, pois me sentia protegido e seguro. Embora estivesse feliz e aprendendo maravilhas naquele novo mundo, foi difícil de conter, naquelas primeiras semanas, a saudade de minha família.

O tempo passou...

Nesta fase que vou relatar, eu já havia concluído alguns cursos, e continuava morando com minha avó Luiza e minha tia Cecília. Estava trabalhando como estagiário em um posto de socorro.

Os estudos e o trabalho amenizaram muito a saudade que sentia da minha família. Já não sofria como no período em que cheguei à Colônia.

Nas horas vagas, conversávamos bastante. O ambiente familiar em que eu vivia era maravilhoso. A vovó Luiza fazia o possível para me agradar e tia Cecília tentava me distrair com seu bom humor, como na minha infância.

Só me faltava a comunicação com a minha mãe e a companhia de Valéria. Nos víamos de vez em quando. Não trabalhávamos no mesmo posto de socorro. Ela me visitava sempre que podia. Eu pensava que ela também compartilhava o mesmo sentimento que eu, embora me tratasse como amigo. Valéria era o amor da minha vida. Pensava nela todos os dias.

Otávio continuava me auxiliando. Eu conquistei várias amizades nos cursos que frequentei e no trabalho.

Ao longo do tempo, percebi que alguns espíritos que ali moravam não se alimentavam; Valéria e Otávio faziam parte desse grupo.

O dia estava ensolarado naquele domingo. Recebi a visita de um amigo, o Márcio, que resolveu convidar-me para assistir à apresentação de um cantor que conheceu a fama e teve muito prestígio durante a sua passagem pela Terra. Estranhei, não sabia que os cantores continuavam se apresentando após o desencarne, mas fiquei muito animado. Vovó Luiza disse para que eu fosse prestigiar o tal cantor.

Quando chegamos, percebi que as pessoas estavam em silêncio. No palco havia uma cortina vermelha, como no teatro, que ocultava os músicos, já preparados para a apresentação. Sentamos próximos ao palco. Fiquei observando a beleza e o requinte do ambiente. Tratava-se de um salão maravilhoso de formato circular, com cadeiras estofadas e confortáveis. Inesperadamente avistei Valéria ao longe. Ela estava linda e, quando me viu, deu um sorriso. Meu coração disparou, senti vontade de ficar ao seu lado durante a apresentação, mas as cadeiras ao lado dela estavam todas ocupadas, então permaneci onde estava.

De repente o cantor tão esperado entrou e deu início à sua apresentação, que foi fantástica. Naquele dia, tive a certeza de que a arte está dentro da alma e que, mesmo após a passagem para o mundo espiritual, continua emocionando e conquistando o carinho de todos.

Desculpe-me, caro leitor, mas não tenho autorização para revelar o nome do cantor, que conquistou muitos admiradores com o seu brilhante talento musical.

Na saída me encontrei com Valéria, que me cumprimentou com muita simpatia e logo iniciamos uma conversa amigável. O final de tarde estava fascinante, o sol se despedia, trazendo a noite estrelada.

Meu amigo Márcio se despediu e ficamos a sós. Eu e Valéria conversávamos tranquilamente a respeito do cantor que acabara de se apresentar, então decidi convidá-la para ir até minha casa e ela aceitou.

Há tempos esperava uma oportunidade para conversar com Valéria a respeito dos meus sentimentos. Aproximei-me e, olhando fixamente em seus olhos, disse:

— Valéria, quero te dizer uma coisa, mas não sei como começar. Tenho medo de perder a sua amizade com o que direi.
— Ela me interrompeu e completou:

— Dizer que você está apaixonado por mim?

— Por um momento, esqueci que você pode ler os meus pensamentos. Assim fica mais fácil de dizer. Eu tenho certeza de que você também está apaixonada por mim.

Ela ficou em silêncio, baixou a cabeça e eu me desesperei:

— Me perdoe, por favor! Eu não queria ofendê-la! Esqueça tudo! Eu não quero estragar a nossa amizade.

Ela respondeu tranquilamente:

— Você não está me ofendendo. O amor jamais nos ofende. Sabe por quê, Ricardo?

Fiquei calado esperando que ela concluísse.

— Porque ele não morre, ele é eterno. Não estou apaixonada por você. O amor que nos une tem uma explicação: somos companheiros de várias encarnações. Estive ao seu lado nos momentos mais difíceis de sua última encarnação.

Emocionei-me diante daquela declaração, lembrei-me dos sonhos. Ela sempre aparecia nos meus sonhos me tranquilizando, me acalmando.

Peguei em suas mãos.

— Eu te amo, Valéria! Nunca senti por alguém o que sinto por você! Desde quando te vi no posto de socorro, senti que já a conhecia.

Empolguei-me e comecei a me declarar, quando ela me interrompeu:

— Ricardo, o nosso amor não é exatamente um amor de almas afins, ou almas gêmeas como costumam chamar, e sim um amor de almas companheiras. Nos conhecemos há muito tempo. Sinto por você grande afeição. Não se confunda, por favor!

Abraçamo-nos, ela se despediu dizendo que deixaria a visita para outro dia. Valéria ficou um tanto perturbada com a minha declaração de amor. Não entendi muito bem, mas aceitei.

Voltei para casa e relatei a conversa que tive com Valéria à tia Cecília.

— Só não entendi por que ela foi embora inesperadamente.

— A história de vocês foi muito traumatizante para Valéria. Embora você tenha encarnado novamente e sofrido todas as provas terrenas que se propôs a passar, ela ainda sofre com as lembranças do passado.

— Isso quer dizer que nós tivemos uma história juntos? Pelo que pude observar, não foi das melhores.

— Realmente, Ricardo, mas tudo a seu tempo. Eu não posso te adiantar nada — disse tia Cecília.

Minha tia foi dormir e eu fiquei na sala lembrando-me das palavras de Valéria.

A minha felicidade estava se completando, já havia descoberto que o meu amor era correspondido.

Valéria tentou me explicar de que modo ela me amava. Devido ao meu entusiasmo, a única frase que eu realmente ouvi foi: "O amor que nos une".

Fui dormir mais feliz, pensando "Quando voltarei a vê--la? Valéria, meu amor..."

Em poucos minutos, caí em sono profundo e comecei a sonhar com Valéria. Ela estava completando dezoito anos e eu estava ao seu lado. Depois dos parabéns, ela me ofereceu o primeiro pedaço do bolo, dizendo que eu era a pessoa que ela mais amava. Estávamos noivos e apaixonados, casaríamos dentro de alguns meses.

As famílias estavam satisfeitas com o nosso enlace matrimonial. Valéria trajava um lindo vestido verde e usava um chapéu que acompanhava o traje. Em seu rosto havia uma expressão de alegria e felicidade. Eu dançava com Valéria, quando acordei.

Fui até a cozinha, tomei um copo de água e fiquei pensativo. Seria um sonho ou uma realidade?

Na manhã seguinte, eu estava ainda emocionado com as lembranças da noite passada.

Vovó Luiza me tirou dos meus pensamentos.

— E então, como foi o passeio com seu amigo Márcio? Gostou?

— Adorei! Relatei os fatos e também o meu sonho.

— Realmente não foi um mero sonho. Você ficou pensativo com o que a sua tia havia lhe dito antes de dormir a respeito de sua vida passada com Valéria, então o seu espírito regressou ao passado quando adormeceu. Isso é comum acontecer com os encarnados também. Muitos sonham com lugares e pessoas que não fazem parte de suas vidas presentes, e sim de suas vidas passadas.

— Então não foi exatamente um sonho, e sim uma regressão?

— Eu diria que foi um reflexo do passado, apenas um momento de sua história.

— E que momento, vovó? Pena que acabou tão rápido.

— Converse com Otávio, quem sabe ele possa dizer algo que o faça lembrar-se de mais detalhes.

9

De volta ao lar

lguns dias se passaram e recebi a visita inesperada de Valéria e Otávio. Cumprimentaram-me felizes, me traziam uma ótima notícia: finalmente iria rever a minha família. Regressaríamos nós três à minha antiga casa. Eu estava muito ansioso para revê-los.

Caminhamos até um portão enorme que havia na Colônia e lá estava uma espécie de aeronave que, na verdade, chamamos de aerobus. Se parece com um ônibus, porém mais sofisticado que os terrestres, eu diria. Entrei no transporte junto com Valéria e Otávio. A minha expectativa era enorme, mas percebi que Valéria também estava ansiosa para chegar à casa de minha família. Pensei em perguntar, mas deixei essa pergunta para o retorno.

Era um sábado, mais ou menos treze horas, estavam papai, mamãe e Rosana na cozinha, saboreando um cafezinho depois do almoço.

O ambiente familiar me emocionou muito, observei a mobília da casa, a mesa da cozinha onde por tantas vezes fiz as minhas refeições. A verdade absoluta é que eu estava ali, diante de minha família, queria falar com eles, tocá-los, dizer como eu estava bem do outro lado da vida, mas isso seria impossível; eles não me ouviriam.

Otávio se aproximou e disse:

— Tente controlar as suas emoções, vamos nos concentrar na figura do Mestre Jesus, para que ele nos emane luz, amor e paz neste momento. Tenho certeza que tudo transcorrerá da melhor forma possível e seguramente conseguiremos ajudá--los. Dentre os três aqui presentes, a mais sensível em relação à nossa presença é sua mãe. Tente se comunicar com ela.

Eu obedeci prontamente. Aproximei-me deles e observei que o rosto de minha mãe havia perdido um pouco o ar de sua juventude e alegria. Estavam todos em silêncio perdidos em seus pensamentos.

Beijei a face da minha mãe. Inesperadamente, ela se emocionou e disse:

— Nossa! De repente senti a presença de seu irmão nesta co-zinha. Sinto que ele está aqui junto a nós — disse com convicção.

— Deve ser a saudade, mamãe. Não se perturbe com esse pensamento.

— Não sei explicar o que estou sentindo. O que sin-to é diferente, filha. Sinto-me feliz! Tenho certeza de que o Ricardo está bem.

Então eu disse em seu ouvido:

— Estou ótimo, mamãe. E feliz por vê-la.

Ela não podia me ouvir, mas sentia todas as nossas vi-brações positivas e meu amor, devido à sua mediunidade que ainda não havia sido descoberta. Ficamos em volta da mesa por alguns minutos emanando as nossas energias. Percebi que Valéria estava muito emocionada e olhava fixamente para minha mãe. Em certo momento, Valéria tocou o rosto dela acariciando-o com ternura. Minha mãe fechou os olhos como se estivesse sentindo o carinho de Valéria.

Otávio, percebendo que tanto eu como Valéria não estávamos conseguindo nos controlar, se aproximou:

— Devemos voltar. Eles já estão se sentindo melhor e o nosso tempo está se esgotando. Não fique triste, voltaremos outras vezes.

Beijei meus pais e minha irmã e percebi que eles começaram a sorrir e conversar animadamente:

— Bom, não vamos chorar, afinal de contas o Ricardo era uma pessoa alegre, descontraída, ele não iria gostar de nos ver triste — disse a minha irmã, conseguindo tirar um sorriso de mamãe.

Retiramo-nos do local e voltamos para a Colônia. Chegando à casa, relatamos tudo à vovó Luiza, que ficou muito satisfeita.

Eu não conseguia me conter de emoção. Depois de tanto tempo, rever a minha família foi maravilhoso. Senti a falta de meu irmão e dos demais que não estavam presentes.

— Como se sente, Ricardo? — perguntou-me Valéria.

— Muito bem, esperei muito tempo por essa oportunidade e graças a Deus tudo correu bem, minha mãe pôde sentir as minhas vibrações de amor e carinho.

— Você esperou todo esse tempo para revê-los porque a recuperação de seus familiares foi lenta. Sua mãe não se conformava com a sua partida e isso dificultou a nossa aproximação. Mas com nossas preces e vibrações conseguimos amenizar a revolta e afastar os maus pensamentos. Ela também se esforçou para se conformar, mas ainda sofre muito a sua ausência.

Curioso, perguntei:

— Por que se emocionou diante de minha mãe?

— É muito difícil responder a essa pergunta. Eu estou tentando ajudar Clarice desde a sua passagem, protegendo-a contra as influências negativas inspiradas pelos espíritos desprovidos de luz, que desejam revoltá-la por meio de seus pensamentos. Na verdade, acompanho a vida dela, assim como fiz com você. Tenho grande afeto por Clarice.

Percebi uma lágrima correr pelo seu rosto, ela abaixou a cabeça e encerrou o assunto, se despedindo.

— Desculpe, Ricardo, mas ainda não posso conversar abertamente sobre o passado. Preciso voltar ao trabalho, fique com Deus, e até logo!

— Espere! Por que não posso saber nada sobre o meu passado com você?

— Trazer o passado de volta neste momento não seria bom. Você está tão bem, acho que não é o momento certo. Mas não se preocupe, quando Júlia decidir que deve relembrar, você vai entender melhor seus sentimentos, até mesmo em relação a mim.

— Está bem. Vou esperar, não quero ser inconveniente e nem te magoar com minhas perguntas. Estive conversando com Júlia uns dias atrás e pedi permissão para rever o meu passado. Ela disse que em breve terei a oportunidade de desvendar os mistérios do passado que me causam tanta curiosidade. Sinto que essa data se aproxima; outro dia tive uma reflexão do passado durante um sonho.

— Adivinha quem estava comigo no sonho?

Valéria sorrindo me respondeu:

— Eu.

— Acertou! Infelizmente acordei no melhor momento, estávamos dançando.

Despedimo-nos e eu fiquei o resto do dia refletindo sobre mais um aprendizado.

É importante aceitarmos o destino de cada um, já que não podemos fazer o tempo voltar e nem adiantá-lo.

Mamãe se sentia presa ao passado e impotente diante do meu desencarne, mas eu tinha certeza de que ela iria aceitar e seguir em frente, embora as dores da saudade fossem muito intensas.

A minha certeza começava naquele dia, pois era a primeira vez que mamãe voltava a sorrir e sentir que eu estava feliz; graças ao nosso divino Mestre Jesus.

10

O *passado*

Depois que estive com a minha família, parece que consegui seguir com a minha nova vida.

Fiquei sabendo que minha mãe havia voltado a frequentar o Centro Espírita que conhecemos através do doutor Norberto. Essa notícia me deixou muito feliz, pois ela começaria a estudar a doutrina e a entender os motivos que nos levam à vida e ao desencarne. E, assim, a nos conformar com a nossa separação e tentar ser feliz novamente.

Ao sair de minha casa, me deparei com Otávio. Cumprimentei-o, e, em seguida, ele me deu uma notícia muito importante:

— Ricardo, Júlia me disse que você recebeu a autorização para rever o passado.

— Que notícia boa, estou ansioso para isso!

— Vamos agora mesmo nos encontrar com Júlia, ela vai lhe orientar — disse Otávio.

Eu estava muito ansioso. Pensava: "Onde está Valéria? Por que não veio? Ela também fazia parte do meu passado".

Entramos na sala da diretoria onde Júlia já nos esperava, e ela me cumprimentou com um amável sorriso:

— Como vai, Ricardo? Vamos até a sala de imagens, lá lhe darei as instruções. Queiram me acompanhar.

Otávio nos acompanhou.

Entramos numa sala onde havia um monitor maior que os conhecidos na Terra, poltronas estofadas e confortáveis. Para minha surpresa, lá estava Valéria nos aguardando.

— Que bom que você está aqui — disse ao cumprimentá-la.

— Não poderia deixar de vir. Embora eu me lembre de tudo o que aconteceu, gostaria de estar ao seu lado quando assistir aos fatos.

Sentamos e Júlia começou a falar:

— Ricardo, eu convidei Valéria e Otávio a estarem presentes neste momento junto a você, porque eles foram membros de sua família em sua vida passada; por isso, poderão me ajudar a auxiliá-lo.

Fiquei surpreso quando ela disse que Otávio compartilhou de minha vida passada, pois sempre senti por ele grande afeição.

— Preste bem atenção nas imagens que aparecerão no monitor, minutos depois começará a se recordar.

A história começou naquele sonho que tive com Valéria, ela estava completando dezoito anos, estávamos apaixonados e ansiosos com o casamento. Depois de alguns meses, casamo-nos.

Vivíamos na década de 30, eu trabalhava como advogado e era muito bem-sucedido. Todos me conheciam como Armando. Morávamos em São Paulo e tínhamos uma situação financeira excelente.

Tivemos o nosso primeiro filho depois de dois anos de casados. Demos a ele o nome de Otávio. Era um menino muito bonito e saudável. Até esse momento, nós éramos felizes. Eu estava radiante com a novidade de ser pai pela primeira vez. Valéria não se continha com tamanha felicidade.

Para minha plena satisfação, Otávio havia sido meu filho naquela vida. Por esse motivo ele estava presente naquela sala.

Nos primeiros meses a criança nos deu certo trabalho, não dormia durante a noite, tinha cólicas, chorava. Foi nessa fase que começamos a nos desentender. Valéria cobrava mais atenção de minha parte em relação a nosso filho. E eu me achava no direito de dormir a noite toda, pois tinha que trabalhar no dia seguinte. Devido à minha ignorância, queria que ela assumisse todos os cuidados da criança.

Percebendo que não conseguíamos romper a barreira da discussão conjugal, resolvi contratar uma empregada, assim Valéria teria mais tempo para se dedicar à criança e cessariam as lamentações do dia a dia.

Mesmo com a presença de Mafalda, a discórdia continuava, ela me cobrava mais atenção enquanto eu me desviava da família. Por qualquer motivo, encontrava entretenimentos que se tornavam mais importantes, como sair com os amigos para me distrair, jogar cartas, ficar até mais tarde no escritório fingindo que estava trabalhando. Arrumava mil afazeres para não ter que voltar para casa no horário habitual.

Os meses foram se passando. Nessa fase de desentendimentos, conhecemos um casal que se mudou ao lado de nossa casa. Tornamo-nos amigos. Eu percebia os olhares malicio-sos de Anita para comigo, e correspondia da mesma forma. Algum tempo depois, marcamos de nos encontrar longe de nossas casas. Ali começamos um caso amoroso.

Meu filho não tinha completado um ano de idade e eu estava trocando o tempo que deveria passar com a minha família por uma mulher que não me despertou nenhuma paixão, apenas desejo. Foram dois anos de falsidade e traição, pois eu continuei casado com Valéria, e Anita fingia ser sua melhor amiga.

Valéria acreditava no meu amor por ela, nunca havia passado pelos seus pensamentos que eu pudesse traí-la com Anita. Na presença de Valéria e Sérgio, esposo de Anita, éramos muito discretos e falsos. Mal nos olhávamos e, assim, ninguém percebia nosso envolvimento. Em certas ocasiões, Valéria chegou a me chamar a atenção, dizendo que eu deveria ser mais gentil com sua amiga.

Enquanto passavam as imagens, eu me sentia muito en-vergonhado e Valéria, muito triste, chorava ao rever aquelas cenas de traição.

Com o passar do tempo, Anita começou a me cobrar uma separação conjugal. Ela estava apaixonada e disposta a separar-se de Sérgio para ficar comigo. Eu não tinha interesse em separar-me de Valéria. Aquela situação me deixou muito preocupado, pois temia que Valéria acabasse descobrindo a minha traição, já que Anita ameaçou contar toda a verdade sobre o nosso envolvimento.

Desesperado, fui até a casa de meu pai, pessoa em quem eu confiava muito, e desabafei, contei que eu era um homem infiel e que a minha traição estava a um passo de ser descoberta por Valéria.

Amigo e conselheiro, ele pediu que eu terminasse o relacionamento com Anita e que fosse fiel à minha esposa a quem ele respeitava e apreciava.

Júlia parou as imagens para me dar uma orientação:

— Ricardo, o seu pai, que nessa ocasião se chamava Henrique, reencarnou como Rogério; ele foi seu irmão na sua última encarnação.

Fiquei muito emocionado, pois havia notado uma semelhança muito grande com meu irmão quando vi as imagens: no seu jeito de falar, de aconselhar, sempre tentando me afastar do mal.

O casal se mudou e eu terminei o relacionamento com Anita, pois decidi seguir o conselho de meu pai e me dedicar à minha família. Não era justo continuar traindo Valéria, uma esposa tão dedicada e amorosa.

Passei a dedicar meu tempo à minha família, mas na verdade, essa não era a vida que eu gostaria de ter. Sentia-me numa prisão, estava sempre calado e com o pensamento distante da casa.

Durante dois anos, contive os desejos mais sórdidos e secretos que escondia dentro do meu ser. Uma grande farsa que criei, alimentei e finalmente se desfez com o passar do tempo, pois a conduta quando não é verdadeira não perdura.

Valéria engravidou pela segunda vez e durante a sua gestação mudei completamente o meu comportamento; comecei a sair com os amigos para "me divertir". Conheci várias mulheres com quem tive várias relações. Tornei-me uma pessoa promíscua. Não trocava a devassidão à qual estava habituado por mais nada. Nos ambientes que frequentava me sentia livre para satisfazer todos os meus desejos e ser quem eu realmente era, sem máscaras, sem mentiras, sem família. Não me importava mais com os sentimentos de Valéria, tinha absoluta certeza que não a amava.

Quando minha filha Paula nasceu, eu não estava presente. Estava num bordel no centro da cidade, acompanhado de duas prostitutas.

Júlia fez outra pausa para me dizer que a minha filha Paula reencarnou como minha mãe, Clarice.

Pedi que parasse as imagens. Eu me sentia mal em rever aquelas cenas de promiscuidade, ao lado daquela que eu amava.

Valéria pediu que eu me acalmasse para continuar as imagens.

Tomei um pouco de água, me recompus e continuamos assistindo à minha lamentável história.

Passados alguns meses, Valéria estava desconfiada da minha fidelidade, tinha quase certeza que eu a traía constantemente. A resposta para sua desconfiança surgiu quando ela contraiu uma doença sexualmente transmissível.

Valéria não teve dúvidas a respeito da decisão que teria que adotar para sua vida e de seus filhos.

Decidiu partir com as crianças. Foram viver na casa de sua mãe, Dona Nadir, que vivia sozinha, era viúva, e tinha apenas Valéria como filha e a recebeu com todo carinho.

Dona Nadir não me suportava, pois há tempos ela tinha conhecimento de minhas traições para com a sua filha. Como a sociedade naquela época tinha um grande preconceito com mulheres separadas, ela resolveu se calar e não partilhar com Valéria tudo o que sabia a meu respeito. Mas diante daquela situação resolveu apoiar Valéria, que estava doente e precisando de auxílio. Nesse momento minha sogra se sentiu culpada por não ter revelado toda a verdade, pois, assim, teria preservado a filha de tamanha decepção.

Mais tarde, quando cheguei em casa e Mafalda me avisou que minha família havia se mudado para a casa de dona Nadir, fiquei completamente desesperado. Não queria perdê-los, não cogitava a possibilidade de Valéria tomar a decisão de me abandonar e ainda levar os meus filhos para viver em outro lar.

Fui atrás de Valéria e implorei que voltasse. Ela, extremamente nervosa, aos gritos, exigiu que eu contasse tudo o que fazia fora de casa e que explicasse como ela havia contraído uma doença sexualmente transmissível.

Naquele momento percebi que nada que eu dissesse iria satisfazê-la, somente a verdade.

Respondi que há algum tempo eu estava traindo sua confiança. Resolvi contar tudo, até mesmo o caso com Anita. Pela primeira vez na vida, eu estava disposto a ser verdadeiro com Valéria.

Chorando copiosamente, diante de tanta indecência, Valéria não encontrou palavras, ficou calada até que eu terminasse de falar. Quando encerrei o meu lamentável relatório de traições, Valéria iniciou suas perguntas:

— Por que me traiu tantas vezes? Você nunca me amou?

Eu respondi que ela era a mulher mais importante de minha vida, mas que os homens eram assim mesmo, que ela tinha que entender. Enfim, que eu não conseguiria viver sem a minha família. E que eu os amava muito. Chorei e ajoelhei a seus pés. Pedi pelo amor de Deus que voltassem para casa. Mas Valéria não quis voltar, estava decidida a ficar na casa de sua mãe.

Durante todo o tempo em que estive separado, eu implorava que ela voltasse. Sofria muito sozinho naquela casa, sentia saudade dos meus filhos, pois, apesar de tudo, eu os amava, queria tê-los de volta. Visitava-os e não deixava que nada lhes faltasse.

A felicidade estava ali diante de meus olhos, e eu preferi fechá-los. Tinha uma família linda e me desfiz dela, por causa de uma vida cheia de mentiras, traições e promiscuidades.

Aquela vida promíscua não me interessava mais. Abandonei a vida noturna e os amigos. Nas minhas horas de descanso, ficava em casa sozinho, lamentando a ausência de minha família. O arrependimento batia à minha porta trazendo a solidão, a tristeza e as lembranças de uma família desfeita por minha infidelidade.

Decidido a recuperar a minha família, visitava-os quase todos os dias. Valéria me recebia com frieza, mas as crianças adoravam a minha visita. Embora Paulinha fosse um bebê quando nos separamos, quando eu chegava à casa de dona Nadir, ela sorria e tentava sair do colo da mãe para vir comigo. Otávio sofria na hora da despedida, queria a nossa reconciliação de qualquer maneira, o garoto tinha muita afeição por mim. Valéria ficava um tanto constrangida com aquela situação, abraçava o menino e dizia que eu nunca os abandonaria, que estávamos separados, mas eu voltaria sempre para visitá-los.

Com o passar do tempo, a mágoa de Valéria foi diminuindo e ela passou a me receber com mais simpatia, pedia que eu ficasse mais tempo com as crianças, não se despedia com tanta arrogância, perguntava quando eu voltaria para visitá-los.

Paulinha estava completando três anos de idade e fizemos uma festa para comemorar. Então eu resolvi implorar mais uma vez para que Valéria voltasse a viver a meu lado com os nossos filhos, e ela aceitou a reconciliação. Resolveu me dar uma nova oportunidade para que eu pudesse provar o meu arrependimento.

Por causa da minha dedicação à família, minha sogra também resolveu aconselhar Valéria a voltar comigo, desse modo, faríamos nossos filhos felizes.

Voltamos a morar na mesma casa, mas não era como antes, ela vivia desconfiada. O nosso casamento havia perdido um dos itens mais importantes num relacionamento: a confiança.

137

Mais uma vez tentei me dedicar à minha família. Eu estava cansado de viver sozinho naquela casa, queria me tornar um homem fiel. Fazia tudo o que podia para satisfazer Valéria e meus filhos. Levava a minha família para passear, comprava-lhes presentes, brinquedos, trazia flores para Valéria em datas comemorativas.

Passados alguns meses após a nossa reconciliação, eu parecia ter me transformado num marido perfeito. Até conhecer Marta, uma prima de Valéria que viera morar na casa de minha sogra.

Marta era muito bonita, cabelos encaracolados, lábios bem torneados e olhos verdes. Uma garota de dezoito anos, que viveu toda a sua vida no interior de São Paulo e que eu conquistei. Mais uma vez traí Valéria.

A garota tinha o sonho de estudar, se formar e melhorar a sua condição de vida para, assim, poder retornar à sua cidade e ajudar a família. Percebi que embora fosse um pouco ingênua também era ambiciosa, queria subir na vida, ganhar dinheiro. Quando Marta nos visitava, admirava a nossa casa, a mobília e sempre observava tudo com olhos de cobiça. Então resolvi aproveitar de minha condição financeira para conquistá-la.

Na primeira oportunidade que tive, ao me ver sozinho com a moça, fiz-lhe um elogio ao pé do ouvido que a encantou. Disse que se ela fosse minha esposa eu seria o homem mais feliz do mundo.

Os olhos dela brilharam, eu despertei um sentimento que estava adormecido dentro de seu coração. Ela depressa perguntou-me por que eu havia dito aquelas palavras. Eu respondi que ela era encantadora, maravilhosa, linda, meiga. Fiz-lhe uma série de elogios que me facilitaram ainda mais alcançar os meus objetivos.

Pedi que ela me procurasse, discretamente, sem que ninguém soubesse, e ela atendeu prontamente o meu pedido. Encontramo-nos no meu escritório, assim, ninguém desconfiou.

Com muita cortesia, fiz incontáveis elogios à moça. Em determinado momento, ela se aproximou do meu rosto e disse que eu era um homem casado e não deveria estar cortejando-a daquela maneira. Então eu pedi que ela se sentasse ao meu lado, no sofá do escritório, peguei suas mãos e comecei a me lamentar, dizendo que eu e Valéria não nos amávamos e brigávamos constantemente, que estava vivendo com ela somente pelos meus filhos, que Valéria se tornou uma pessoa insuportável com o passar dos anos, que eu sofria com a vida que levava ao seu lado. Lamúrias que a maioria dos homens casados que almejam um caso amoroso costumam inventar.

Na verdade, eu estava muito bem com Valéria. Havia reconquistado a sua simpatia, sua amizade e até mesmo os seus carinhos.

Marta acreditou em tudo que eu disse e ainda se mostrou magoada diante de um casamento tão infeliz, que eu inventei para conquistá-la. Disposta a me fazer feliz, aceitou ser minha amante, selando aquele acordo com um beijo.

Júlia fez outra pausa para me dizer que Marta reencarnou como Sueli, minha amiga que trabalhava comigo no escritório.

Vou adiantar um pouco a história.

O caso entre mim e Marta já durava aproximadamente um ano. Ela estava completamente apaixonada, e eu, seduzido por sua beleza e juventude, a iludia cada vez mais, dizia que logo me separaria de Valéria para casar-me com ela.

Foi exatamente nesse período que minha filha adoeceu. Com apenas quatro anos de idade, Paulinha havia contraído sarampo. Naquela época não havia vacina para evitá-lo. O médico havia recomendado que a menina ficasse de repouso, que não tivesse muito contato com a luz, ingerisse bastante líquidos, que a alimentação fosse leve e que não deixássemos de controlar a febre com antitérmicos.[1]

Mafalda trabalhava durante a semana e passava os finais de semana junto à sua família, portanto, naquele sábado, estava eu, Valéria e as duas crianças em casa quando fomos surpreendidos por Marta, que apareceu dizendo que a mãe de Valéria estava passando mal.

Valéria ficou desesperada, pediu que eu cuidasse de Paulinha enquanto ia até a casa de sua mãe. Marta ofereceu ajuda. Valéria pediu que ela ficasse comigo para ajudar a cuidar da menina. Como não havia confiança da parte de Valéria para comigo, disse que Otávio ficaria também. Deu algumas instruções a respeito do tratamento de Paulinha e saiu com o coração de mãe apertado.

---

[1] Devo lembrar ao leitor que a prevenção contra o sarampo é feita através da vacina que começou a ser utilizada por volta de 1960 e, devido à sua eficácia, a doença foi praticamente erradicada (N. A. Espiritual).

O garoto pediu para brincar e eu logo respondi que sim, pois queria ficar a sós com Marta. Em seguida, começamos a nos beijar, mas, terminado o beijo, ela me empurrou e disse que temia que Valéria voltasse a qualquer momento.

Ficamos conversando sobre nós dois, namorando e o tempo foi passando.

Algumas horas depois, uma vizinha de minha sogra veio até minha casa dizer que Valéria tinha levado um médico até a casa de dona Nadir e que minha sogra havia piorado; portanto Valéria passaria a noite com a mãe.

Quando ela saiu, nos entregamos aos nossos desejos sem nos importar com Otávio, que estava na casa, e também com minha querida filha Paulinha que, febril, me chamava, pedindo um pouco de água. Envolvido com os carinhos de Marta, não me lembrei de auxiliar Paulinha, que necessitava de cuidados.

Acabamos sendo flagrados por Otávio, que entrou no quarto para nos chamar, pois tínhamos nos esquecido de dar o medicamento à menina que, a essa altura, já delirava por causa da febre.

Fiquei muito nervoso, tentei enganar o garoto dizendo: "O que você viu não é nada do que está pensando". Depois corri para o quarto de Paulinha e socorri a minha filha. Cheguei ao hospital com a criança nos braços, desesperado.

Paulinha foi internada, mas não resistiu e teve a sua passagem. Naquele momento tive absoluta certeza de que o seu falecimento ocorreu devido à falta de cuidados, enfim, que por causa da minha negligência havia perdido a minha filha querida.

Valéria, Otávio e eu estávamos muito emocionados com as cenas que passavam no monitor, então Júlia fez uma pausa para que nos acalmássemos. Depois continuamos a assistir as imagens.

Depois do enterro de Paulinha, Valéria exigiu uma explicação para a morte da menina, pois o médico havia dito a ela que a garota chegou ao hospital com uma febre muito alta. Eu não tive palavras para responder à pergunta de Valéria e comecei a chorar novamente. Então Otávio começou a narrar os fatos ocorridos na ausência da mãe. Disse que estava brincando na sala, quando resolveu entrar no quarto da menina para vê-la. Eu deixei que ele falasse e não o interrompi em nenhum momento. O garoto prosseguiu dizendo que entrou no quarto da irmã, abraçou-a e constatou que sua temperatura estava muito alta; logo imaginou que eu e Marta havíamos nos esquecido de dar o antitérmico. Procurou-nos pela casa e acabou nos encontrando nus, nos beijando, dentro do nosso quarto. Nesse momento o garoto me olhou com muito desprezo. Embora fosse uma criança de sete anos, ele entendeu perfeitamente o que havia se passado entre mim e Marta naquela casa e a lamentável consequência da minha traição.

Valéria ficou muito revoltada, me expulsou de casa e me proibiu de me aproximar de Otávio. Eu fiquei desesperado e arrependido, planejei tirar a minha própria vida. Tentei o suicídio, mas, socorrido a tempo, fui salvo pelos médicos e segui a minha vida carregando a culpa da morte de minha querida filha Paulinha.

Dona Nadir recuperou a saúde e, quando soube a veracidade dos fatos, exigiu uma explicação da parte da sobrinha, a quem ela recebeu com todo o carinho em sua casa.

Marta disse a Dona Nadir que eu a havia seduzido, que ela não tinha culpa de estar apaixonada, enfim, me responsabilizou por todo o ocorrido, até mesmo pela morte da criança.

A mãe de Valéria não teve outra opção; teve que mandar a sobrinha de volta para a casa de sua mãe. Marta regressou para sua cidade e não voltou a me procurar.

Valéria me responsabilizou pela morte de nossa filha e passou a me odiar. No entanto, o meu filho Otávio me amou até o fim de minha vida, que durou mais cinco anos.

Depois daquela tragédia, me tornei um alcoólatra. Devido ao alcoolismo, tive uma hepatite do tipo C, que me causou uma cirrose hepática que acabou me levando ao óbito.

11
Explicações do passado

Terminadas as imagens do meu passado, eu estava completamente atônito com tudo a que havia assistido. Júlia, percebendo o meu nervosismo, pediu que Valéria e Otávio se retirassem, para que pudesse esclarecer os fatos. Eles se retiraram e ela começou a falar:

— Muito bem, Ricardo, gostaria que colocasse as suas dúvidas e incertezas para eu possa lhe responder. Antes de qualquer pergunta, quero lhe dizer que entendo a sua frustração e sua decepção diante de uma vida tão conturbada. Procure se acalmar. Lembre-se de que as cenas que acabou de rever fazem parte do passado. Graças ao nosso Pai misericordioso, você reencarnou e teve uma nova experiência de vida.

Comecei a me acalmar e a respirar melhor.

— Valéria e Otávio estão vibrando energias positivas a seu favor, por isso está respirando melhor e se acalmando.

— Bem, eu não sei nem como dar início às perguntas, que são tantas... estou muito decepcionado comigo mesmo. Nunca pensei que pudesse ter sido tão mau caráter.

Comecei a criar uma lista de defeitos sobre mim. Depois iniciei as perguntas:

— Em primeiro lugar, gostaria de saber: por que a minha filha Paula aceitou voltar a viver comigo numa nova encarnação? Não fui um bom pai, não zelei por sua saúde no momento em que ela mais precisou de mim.

Júlia me interrompeu para me dar a devida explicação.

— Veja bem, Ricardo, a Paula reencarnou sabendo que viveria poucos anos na Terra. O sarampo, como você deve saber, é uma doença contagiosa, que naquela época levava à morte, pois não existia a vacina. É lógico que, se você tivesse tido os devidos cuidados com a criança, ela teria sobrevivido um pouco mais. Logo após o seu desencarne, você insistiu em ficar ao lado de Valéria e Otávio, e isso foi muito prejudicial para todos. Você ouvia Valéria dizer que te odiava e causava discussões intermináveis entre mãe e filho. Depois de algum tempo, foi levado para o Umbral, passou por um período muito difícil, sentia falta do álcool e sofria muito com o novo habitar. Paulinha, quando soube das condições em que você vivia, fez o possível para resgatá-lo das sombras do Umbral e o levou para um posto de socorro, onde recebeu o tratamento necessário e, por fim, foi levado para uma Colônia. Mesmo depois de receber toda a orientação a respeito da morte de Paulinha, você continuou se culpando. Queria uma nova chance para viver ao lado dela e provar o seu amor. Arrependido das traições que havia cometido durante a sua união com Valéria, queria reencarnar para poder ter uma vida honesta. E, desse modo, tinha absoluta certeza de que Valéria reconheceria a sua mudança e o perdoaria. Foi-lhe avisado que, se enveredasse pelos caminhos da promiscuidade, poderia contrair uma doença sexualmente transmissível que o levaria à morte, mesmo assim, você estava disposto a reencarnar. Seu pai já havia desencarnado, portanto ele e Paulinha resolveram ajudá-lo na sua recuperação moral. Como Deus nos dá sempre o livre-arbítrio para decidirmos o que queremos para nossas vidas, ele permitiu que retornasse e vivesse ao lado deles, como era de sua vontade. Paulinha aceitou reencarnar e viver junto a você como sua mãe e suprir toda a atenção que um enfermo necessita. Seu pai também almejou ajudá-lo. Reencarnou na pessoa de Rogério, seu irmão, que o aconselhou a se prevenir diversas vezes e, desse modo, tentou livrá-lo de contrair uma doença sexualmente transmissível. Infelizmente você não conseguiu manter-se longe dos vícios sexuais e da promiscuidade, e novamente sofreu o duro infortúnio. Paula, por sua vez, espírito mais bem preparado para o reencarne, cuidou de você com todo o esmero que necessitou durante a sua vida e especialmente durante a sua enfermidade. Foi uma ótima mãe.

Tudo o que Júlia acabara de dizer a respeito de minha mãe me deixava mais arrependido do que fizera no passado.

Embora eu soubesse que ela já havia me perdoado antes de sua reencarnação, ainda me sentia profundamente angustiado. Então segui para a próxima pergunta:

— E quanto a Valéria?

— Valéria alimentou o ódio e o desprezo por você ao longo de sua vida. Ela nunca conseguiu perdoar suas traições e o culpava pela morte precoce de sua filha. Mãe e filho tiveram a passagem no mesmo dia, foram vítimas de um acidente. Quando chegaram aqui, você já havia reencarnado. Ficaram admirados quando souberam que Paula aceitou viver com você novamente. Diante do amor e do perdão dela, o ódio que Valéria sentia começou a esvair-se. A atitude sublime que Paula teve ao reencarnar como sua mãe foi fundamental para que o perdão de Valéria começasse a germinar. Quanto a Otávio, ele não se prendeu nos laços do ódio, assim como Valéria. Ele o amava e trazia consigo muitas lembranças boas de sua infância, vividas a seu lado. Com o passar do tempo, Valéria e Otávio compreenderam que Paula só viveria até os quatro anos. E que você não foi o responsável pelo seu desencarne. Mesmo que você tivesse cumprido as determinações médicas, infelizmente a menina teria tido a passagem. Quando eles souberam que você poderia se contagiar com o vírus da Aids, Valéria se sensibilizou e pediu para apoiá-lo durante o período de sua doença. Otávio também o auxiliou com preces e vibrações e, quando soube que viria para a Colônia da Paz, fez questão de acompanhá-lo e orientá-lo, pois queria ficar próximo daquele a quem tanto amou e ainda ama.

Emocionei-me diante dos relatos feitos por Júlia. É impressionante como um filho pode amar seu pai e perdoá-lo como Otávio me perdoou. Durante o tempo em que estive ao lado de Otávio na Colônia, nunca senti nenhum ressentimento dele a respeito do passado. Valéria também foi maravilhosa quando me auxiliou na minha recuperação, deixando toda mágoa para trás.

Concluída a explicação a respeito de Valéria e Otávio, disse para Júlia:

— Estou me sentindo muito triste em saber que a história que acabamos de assistir poderia ter sido feliz. Tive a rica oportunidade de estar com Valéria e perdi tudo por causa da minha insensatez.

— Procure não pensar no que passou. Devemos seguir em frente, tentar nos redimir dos nossos erros e procurar melhorar e evoluir. O passado não volta mais. Veja como Deus é misericordioso, ele nos dá sempre uma nova oportunidade para mostrarmos o que aprendemos com as lições que a vida nos ensina. Tenho certeza de que, depois de conhecer o seu passado, você aprendeu a valorizar muito mais a vida e os amigos, que nos aconselham a caminhar na senda do bem. O sexo também se tornou menos importante. Quando você soube que havia contraído o vírus HIV, houve um bloqueio, automaticamente cessou-se o desejo incontrolável. Foi o fim de um vício que só trouxe desventura a você. Lembra-se das palavras do seu médico, o doutor Norberto? Ele dizia que as doenças nos trazem também a cura da alma. Você curou sua alma quando contraiu o vírus; libertou-se do sexo demasiado.[1]

Rever o meu passado trouxe-me várias respostas. Fez-me entender os motivos pelos quais Valéria me evitava quando falava dos meus sentimentos, o amor que sinto pela minha mãe, que no passado havia sido minha filha Paulinha, o carinho pelo meu irmão Rogério, enfim, foi preciso conhecer o passado para entender todos os acontecimentos da minha vida. As explicações de Júlia também foram preciosas. No entanto, eu não conseguia abrandar meu coração, então pedi ajuda à Júlia:

— Júlia, o que devo fazer para me acalmar? Não consigo esquecer aquelas cenas terríveis que assistimos.

— Por enquanto procure descansar, pense em Jesus, ele aliviará todas as dores e perturbações que o afligem neste momento. Vá para sua casa, descanse, amanhã será um novo dia. Tenho certeza de que se sentirá melhor.

Despedi-me de Júlia. Eu estava cansado e angustiado.

---

[1] Devo advertir o leitor de que nem todos os portadores de HIV têm causas anteriores semelhantes. Existem vários motivos para ter uma existência e se contagiar com o vírus da Aids, ou seja, a minha história não deve ser adotada como regra (N. A. Espiritual).

Durante o percurso que fiz até minha casa, pensava em Valéria e temia a conversa que teríamos nas próximas horas sobre o nosso passado. O que dizer a ela? Como me desculpar por ter causado tamanha desilusão a ela?

Almas companheiras

12

Retornei à minha casa ao entardecer, e sentei-me em minha cama, de frente para a janela de meu quarto. Fiquei observando o céu azul. Uma verdadeira paisagem se formava diante de meus olhos. O sol se escondia atrás das nuvens e começava o espetáculo do anoitecer; as estrelas brilhavam e a lua se mostrava reluzente, iluminando aquela Colônia espiritual, onde todos acabavam encontrando a paz.

Deitei-me, fiz minhas preces e resolvi que, ao amanhecer, conversaria com Valéria. Adormeci antes que minha avó e minha tia retornassem do trabalho.

No dia seguinte, acordei mais disposto. Conversei com minha tia e ela me aconselhou a procurar Valéria para que pudéssemos conversar sobre o passado. Então eu desabafei:

— Tia Cecília, eu receio que Valéria não aceite o meu amor. Estou muito envergonhado, não tenho ânimo para procurá-la.

— Ricardo, só saberá o que está dentro do coração de Valéria se ouvi-la. Não tire nenhuma conclusão ainda. Procure Valéria e converse com ela. Tenho certeza de que ela também deseja te ver.

Depois de uma longa conversa com a tia Cecília, resolvi procurar Valéria. Fui até a casa dela. Eu estava muito tenso e, antes que eu batesse na porta, ela a abriu delicadamente e pediu que eu entrasse.

— Eu sabia que viria pela manhã. Sente-se e fique à vontade, estamos a sós e podemos conversar tranquilamente. Fui dispensada de trabalhar no período da manhã, só vou à tarde.

Percebi que ela já me esperava. Valéria estava tranquila e falava serenamente, enquanto eu mal conseguia encará-la. Muito nervoso, comecei a falar:

— Não sei como iniciar essa conversa, mas acho que devo começar pedindo-a perdão por todas as cenas a que assistimos ontem. Fui um canalha, falso, não a respeitei.

Enumerei os meus defeitos como marido. Valéria me ouviu e depois começou a falar:

— Ricardo, não se culpe pelo passado. Às vezes, nos enganamos profundamente a respeito do amor — antes que ela terminasse, eu a interrompi.

— Por favor, não diga isso! Eu não estou enganado a respeito do amor. Eu te amo muito, Valéria, e vou continuar te amando. Não sei explicar por que a traí com outras mulheres, mas eu te amo! — abaixei a cabeça e comecei a chorar.

Valéria, comovida com a minha aflição, levantou a minha cabeça, pegou em minhas mãos e tentou me acalmar com suas doces palavras:

— Ouça, Ricardo, quando cheguei aqui, eu ainda possuía muito ressentimento por você, o culpava pela morte de nossa filha. Hoje, depois de tanto aprendizado, consigo discernir e sentir que eu também te amo, mas não da maneira que pensei que te amava quando estávamos encarnados. Somos espíritos companheiros, já vivemos juntos por diversas vezes, como amigos, como parentes, e fomos muito felizes. O nosso erro foi o casamento. Poderíamos ter sido grandes amigos. Nós confundimos o amor que sentíamos um pelo outro.

Naquele momento, comecei a recordar das vidas passadas em que vivemos juntos. Fomos irmãos, fomos primos, fomos amigos, fomos pai e filha. E realmente Valéria tinha razão; fomos muito felizes em vidas anteriores.

— Valéria, será que eu a traí porque eu nunca te amei como um marido deve amar sua esposa?

— Eu tenho certeza, Ricardo! O amor é um sentimento sublime e maravilhoso. Quando um casal se ama verdadeiramente, eles se respeitam; não são as discussões comuns entre os casais que levam o homem ou a mulher à traição. Quando o amor é verdadeiro, os casais se separam antes que aconteça uma traição. Existem muitos casais que se separam e continuam se amando, e, quando se reencontram, o sentimento sublime do amor invade os corações de modo tão especial que eles acabam se reconciliando e voltam a se unir. O amor é um sentimento único, no qual ninguém substitui o outro. Não existe contentamento numa relação sem amor, ou seja, num casamento onde existe traição não pode existir amor. Na nossa história passada, para você, qualquer mulher me substituía: a vizinha, a amiga, a prima. Você nem precisava de uma grande paixão ou de um romance para me trair. Bastava surgirem os problemas domésticos, os filhos, a rotina, tudo era motivo para que me traísse. Pense bem, Ricardo, você acha realmente que me amava?

— Eu estou confuso. Se eu nunca te amei, por que sinto que te amo?

— Por causa da culpa que carrega. Sente-se muito responsável pelo sofrimento e as inúmeras decepções que me causou devido à sua infidelidade. Muitas vezes as pessoas sentem culpa e confundem com amor, sentem admiração e confundem com amor, sentem gratidão e confundem com amor.

Comecei a perceber que suas palavras respondiam a todas as minhas dúvidas. Valéria falava de forma adequada sobre o amor. Diante de tamanho conhecimento, só existia uma pergunta a fazer:

— Você consegue ao menos me perdoar?

Ela sorriu e respondeu animada:

— Já te perdoei há muito tempo! Não sinto nenhum ressentimento por você. O ódio só me fez mal, não me trouxe nenhum benefício, me tornei uma mulher amarga, infeliz, perdi a minha autoestima. Depois que tive a minha passagem, entendi que o amor está acima de todos os sentimentos, aprendi a senti-lo da maneira correta. Primeiro aprendi a me amar e depois a amar o próximo. Só assim podemos seguir o precioso mandamento de Jesus: "Ame o teu próximo como a ti mesmo". Se você se maltrata e não se ama, como pode amar alguém? Entendi também que a minha querida filha Paulinha permaneceria em nossa companhia poucos anos e que não havia sentido em culpá--lo pela morte dela. Enfim, Paulinha já havia reencarnado e estava vivendo junto a você em plena felicidade, numa nova existência, sem lembranças do passado, sem rancores. Por que eu teria que odiá-lo, se ela te amava tanto? Foi essa pergunta que fiz a mim mesma quando resolvi perdoá-lo verdadeiramente. Para encerrar a nossa conversa, peço sinceramente que se sinta em paz, Ricardo. Quero ser sua amiga para sempre. Ajudar-te-ei no que estiver ao meu alcance. Não tenho mágoas do que ficou para trás. Não o vejo mais como Armando, e sim como Ricardo, que passou por uma doença fatal com resignação, perseverança e fé, que auxilia a todos os recém-chegados com o mesmo carinho e atenção com que foi recebido, que aprende a cada dia uma nova lição a respeito da vida, do amor e do perdão.

— Vamos seguir os nossos caminhos em paz. Devemos agradecer a Deus pela oportunidade de estarmos vivendo em harmonia nesta Colônia espiritual, onde todos encontram a paz, a felicidade e o amor. Deus é maravilhoso! Por meio da reencarnação, senti o perdão e o amor que uniu você e Paula, ou melhor, Clarice.

Eu estava muito emocionado, agradeci as palavras sinceras de Valéria:

— Obrigado por sua compreensão e pelo seu perdão. Eu sabia que você já havia me perdoado.

Abraçamo-nos e nos despedimos.

Saí da casa de Valéria um tanto aliviado e decidido. Da mesma maneira que Valéria conseguiu desvencilhar-se do passado, eu também me livraria daquelas lembranças que me causavam tanto mal. Trocaria a recordação triste da morte de Paulinha pelo carinho e o amor que minha mãe Clarice sentiu e ainda sente por mim.

Também resolvi que não ficaria preso ao passado. Tentaria agir diferente. Na próxima encarnação, me casaria com alguém que eu tivesse absoluta certeza que amava de verdade e tentaria ser feliz. Embora no fundo do meu coração ainda estivesse sofrendo por Valéria. Naquele momento, gostaria de ter uma nova oportunidade de fazê-la feliz.

Recebi todo o apoio de minha avó e minha tia para seguir minha vida sem a esperança de ter Valéria ao meu lado, numa futura encarnação.

Talvez você, leitor, esteja decepcionado, como eu me senti no instante em que Valéria se mostrou minha amiga, mas a vida é assim mesmo, temos que encarar a realidade. Se não fomos felizes no passado, é porque realmente faltou o sentimento mais importante entre nós: o amor.

Depois de tudo esclarecido, a amizade e o amor entre mim, Otávio e Valéria se tornaram muito maiores. Eu era eternamente grato pelo perdão e a amizade sincera de ambos. E eles se sentiam bem por estar em minha companhia sem a cortina do passado que cobria a verdade e os laços que existiam entre nós.

Recebi um convite para participar de um curso prático que me ausentaria por um período indeterminado, e eu aceitei. Queria aprender, conhecer pessoalmente algumas áreas do astral que eu só conhecia na teoria. Era uma oportunidade muito especial para todos nós.

Então me juntei ao grupo de aprendizes e instrutores que nos acompanharam e começamos a excursionar. No curso, a aula prática era conhecer os trabalhos de outras Colônias, e de vários outros postos de socorro. Tivemos a oportunidade de ajudar e aprender.

Conhecemos o Umbral, lugar que fica próximo à crosta terrestre, e nos surpreendemos com as condições de vida e as vibrações de baixa evolução ali existentes. As lamentações e o desespero estão presentes diariamente no local. Lugar sombrio e frio, onde não há amizade entre os espíritos e a caridade é inexistente. Tivemos que nos disfarçar para adentrar, pois é muito perigoso permanecer lá por muito tempo. Tomamos os devidos cuidados para não sermos vistos. Vestimo-nos com vestes parecidas com as que são usadas pelos espíritos que ali habitam.

A nossa missão era resgatar alguns espíritos que precisavam de ajuda, no entanto, sem aborrecer os que não queriam sair do Umbral.

Tivemos a oportunidade de resgatar alguns espíritos que clamavam por socorro e desejavam uma vida melhor. Foi uma tarefa complicada, mas compensadora e muito gratificante para o nosso grupo. Ao sair do Umbral, tive a certeza que todos nós merecemos uma oportunidade, não importa os erros que tenhamos cometido. Deus está sempre com os braços abertos para nos acolher.

Depois de alguns meses fora da Colônia da Paz, eu estava de volta. Cheio de histórias para contar e com muita saudade dos amigos, de minha avó Luiza e de minha tia Cecília.

Otávio foi até minha casa e me deu uma notícia que me deixou profundamente magoado. Naquela mesma noite haveria uma reunião de despedida. Valéria se mudaria da Colônia da Paz, pois havia recebido uma missão muito importante. Moraria por um longo período em outra Colônia.

Todos os amigos foram se despedir. Eu não poderia faltar. Estava com muita saudade dela, mas teríamos pouco tempo para nos despedir. Durante todo o período que passei excursionando, não deixei de pensar em Valéria.

Cheguei acompanhado de Otávio, na casa dela. Valéria nos recebeu com abraços, extremamente emocionada, e mais uma vez declarou a nós dois o seu imenso amor e respeito.

Ficamos os três abraçados por alguns minutos. Depois fomos convidados a participar de uma oração. Pedimos a Deus que a acompanhasse e que ela fosse feliz em sua nova morada.

Antes que eu partisse, ela pediu-me que esperasse um pouco. Assim que todos saíram, ela pegou em minhas mãos e disse emocionada:

— Quero que me prometa que buscará a felicidade e que jamais perderá a esperança de reencontrar o amor verdadeiro! — Ela beijou as minhas mãos com carinho, me deu um abraço de despedida e encerrou com a frase:

— Seja feliz!

— Obrigado por tudo, Valéria! Eu só tenho a agradecer o seu perdão, a sua companhia, todo o tempo em que estivemos juntos, o seu carinho...

Ficamos conversando por mais alguns minutos, depois me despedi e voltei para minha casa.

Foi uma despedida triste, mas necessária, tínhamos que nos separar para podermos encontrar o caminho da felicidade, agora distantes um do outro.

Naquela noite não conseguia dormir, fiquei pensando: "Como conseguirei viver nesta Colônia sem a presença de Valéria? Será muito difícil, mas tenho que seguir a minha vida".

Tempo

13

Havia se passado alguns anos do meu desencarne. Ao longo do tempo vieram as mudanças.

Depois de muito aprendizado, passei a dar aulas aos recém-chegados, me tornei instrutor e também auxiliava nos trabalhos que eram realizados no Centro Espírita onde minha mãe colaborava com trabalhos mediúnicos. Ela trabalhava na sala de passes e na orientação.

Eu admirava a maneira com que minha mãe conduzia os trabalhos, sempre com dedicação e amabilidade.

Com o passar dos anos, ela se tornou mais calma, mais conformada e mais feliz. Embora eu tenha convivido junto aos pensamentos dela todos esses anos, minha mãe compreendeu que a tristeza e a lamentação não me trariam de volta à vida corpórea e que, agindo desse modo, sofreria ainda mais.

Então ela resolveu se ocupar com pessoas que precisavam de ajuda, e o retorno dessa dedicação foi maravilhoso, tanto para ela como para minha família.

Deus havia concedido a permissão de estarmos próximos e realizarmos essa tarefa tão importante de esclarecer e auxiliar as pessoas que procuram ajuda.

Eu estava muito feliz com a condição de auxiliar os médiuns da casa que me foi dada.

Os mentores da casa espírita pediram que eu não me aproximasse muito de minha mãe, devido à sua sensibilidade. Mas o fato de estar próximo a ela já me deixava bem.

Era grande a minha satisfação, eu estava sendo útil às pessoas que precisavam de ajuda para seguirem suas vidas em paz.

A minha família também frequentava o Centro Espírita. Todos haviam se conformado com a minha passagem, só restaram as boas lembranças da minha infância e da minha juventude.

Minha avó havia reencarnado e minha tia havia se mudado para outra Colônia por vontade própria mas, sempre que podia, me visitava.

Fiquei morando sozinho por pouco tempo, logo recebi a maravilhosa companhia de Otávio, que também trabalhava com a minha equipe no Centro Espírita.

A saudade de Valéria sempre me acompanhou, mas me acostumei a viver sem ela. Eu e Otávio sempre a visitávamos, e ela também costumava nos visitar quando tinha permissão. Os nossos laços não foram quebrados, sentíamos verdadeira amizade um pelo outro.

Eu e minha mãe sempre nos comunicávamos. Por meio de seus sonhos, conversávamos por alguns minutos e isso nos deixava muito felizes.

Estava seguindo a minha vida com muita paz e tranquilidade. O passado já não me atormentava e eu havia superado tudo, graças ao bom Pai Celestial.

Numa bela manhã de domingo, recebi uma notícia muito especial. Fui escolhido para relatar a minha história em um livro para os encarnados. Fiquei muito feliz com tamanha satisfação. Nunca havia pensado nessa possibilidade e na responsabilidade de apresentar a todos uma história triste e ao mesmo tempo tão feliz como a minha. É assim que me considero: um espírito feliz em busca da evolução, porque a paz eu já alcancei.

Hoje tenho verdadeiros amigos ao meu lado, e o meu trabalho me dignifica a cada dia; tenho os meus alunos, os amigos que ainda estão encarnados, que também moram no meu coração, e Jesus, que está sempre no meu pensamento me dirigindo na senda do bem.

Quero relatar a você, leitor, que ainda não reencontrei meu grande amor. Sei que ela vive em outra Colônia espiritual, e eu ainda não tive permissão de revê-la, mas continuo aguardando o momento desse reencontro.

Ao longo do tempo que se passou, regressei a vidas anteriores, às duas que vocês já conhecem, em que vivi como Armando e em seguida como Ricardo. E o que descobri me deixou muito feliz: existe uma alma que me completa, vivemos juntos por diversas vezes, mas, por enquanto, devo aguardá-la. Em nossa última existência juntos fomos pais de Valéria. Quem sabe não teremos uma nova oportunidade de conviver novamente?

Sinto que um dia a encontrarei e viverei um amor verdadeiro, sincero, fiel e, acima de tudo, feliz.

Quanto ao vírus da Aids, ele é apenas um vírus. Agora a respeito da vida: teria que escrever mais um livro para falar dela. A vida não tem fim nem mesmo a morte acaba com ela. A vida é eterna!

Fim

Leia os romances de Schellida!
Emoção e ensinamento em cada página!
Psicografia de Eliana Machado Coelho

O Brilho da Verdade
Samara viveu meio século no Umbral passando por experiências terríveis. Esgotada, consegue elevar o pensamento a Deus e ser recolhida por abnegados benfeitores, começando uma fase de novos aprendizados na espiritualidade. Depois de muito estudo, com planos de trabalho abençoado na caridade e em obras assistenciais, Samara acredita-se preparada para reencarnar.

Um Diário no Tempo
A ditadura militar não manchou apenas a História do Brasil. Ela interferiu no destino de corações apaixonados.

Despertar para a Vida
Um acidente acontece e Márcia, uma moça bonita, inteligente e decidida, passa a ser envolvida pelo espírito Jonas, um desafeto que inicia um processo de obsessão contra ela.

O Direito de Ser Feliz
Fernando e Regina apaixonam-se. Ele, de família rica, bem posicionada. Ela, de classe média, jovem sensível e espírita. Mas o destino começa a pregar suas peças...

Sem Regras para Amar
Gilda é uma mulher rica, casada com o empresário Adalberto. Arrogante, prepotente e orgulhosa, sempre consegue o que quer graças ao poder de sua posição social. Mas a vida dá muitas voltas.

Um Motivo para Viver
O drama de Raquel começa aos nove anos, quando então passou a sofrer os assédios de Ladislau, um homem sem escrúpulos, mas dissimulado e gozando de boa reputação na cidade.

O Retorno
Uma história de amor começa em 1888, na Inglaterra. Mas é no Brasil atual que esse sentimento puro irá se concretizar para a harmonização de todos aqueles que necessitam resgatar suas dívidas.

Força para Recomeçar
Sérgio e Débora se conhecem a nasce um grande amor entre eles. Mas encarnados e obsessores desaprovam essa união. Conseguirão ficar juntos?

Lições que a Vida Oferece
Rafael é um jovem engenheiro e possui dois irmãos: Caio e Jorge. Filhos do milionário Paulo, dono de uma grande construtora, e de dona Augusta, os três sofrem de um mesmo mal: a indiferença e o descaso dos pais, apesar da riqueza e da vida abastada. Nesse clima de desamor e carência afetiva, cada um deles busca aventuras fora de casa e, em diferentes momentos, envolvem-se com drogas, festinhas, homossexualismo e até um seqüestro.